S
HIJO
Y LA
NUEVA
ERA

Territorio ocupado por el enemigo. Esto es el mundo.
El cristianismo es la historia de la llegada del Rey justo,
quizás podría decirse que ha llegado camuflado
y nos está llamando a formar parte
de una gran campaña de sabotaje...

Ahora, hoy, en este preciso momento,
tenemos la gran oportunidad de escoger el lado correcto.
Dios está esperando para darnos la oportunidad.
Pero no esperará para siempre.
Tenemos que hacer la decisión de tomarlo o dejarlo.

C.S. Lewis, *Cristianismo y nada más*

SU HIJO Y LA NUEVA ERA

BERIT KJOS

EDITORIAL BETANIA

9200 S. Dadeland Blvd., Suite 209
Miami, FL 33156, EE.UU.

Título del original en inglés:
Your Child & the New Age
© 1990 por *SP Publications, Inc*
Publicado por *Victor Books*

Traductor: *Eugenio Orellana*

ISBN: 0-88113-291-8

Impreso en EE.UU.
Printed in U.S.A.

1ª Edición

CONTENIDO

PREFACIO

Voces tentadoras llaman a los niños por dondequiera. La escuela, el cine, la música y los libros están comunicando el engañoso llamado de la serpiente: «Ven, sueña, ejerce el poder, confía en ti mismo, sé Dios, crea tu propia realidad, construye un nuevo mundo. Haz lo que quieras, porque el pecado y la culpa existen únicamente en las mentes de los religiosos».

¿Cómo podemos ayudar a nuestros niños *a decir no*?

Dios nos muestra su respuesta: «Mi pueblo fue destruido, porque le faltó conocimiento» (Oseas 4.6). Podemos enseñar a nuestros hijos a conocer la verdad, de manera que puedan identificar lo falso. Y podemos hablarles acerca de las seducciones de la Nueva Era, de modo que puedan decidir no probarlas.

El propósito de este libro es revelar el engaño de la Nueva Era y equipar a las familias para alzarse unidas en una resistencia confiada y amorosa. *No es* una condena a las escuelas o a los medios de comunicación. Innumerables profesores excelentes continúan llevando los mejores valores al aula. Muchos libros, películas y programas de televisión siguen reflejando el pensamiento judeocristiano.

Sin embargo, la idea y las prácticas de la Nueva Era han entrado en las escuelas y en los medios de comunicación en forma tal que ningún niño está libre de su influencia. Aunque la engañosa espiritualidad puede encontrar terreno más fértil en ciertas escuelas, desfigura los textos escolares, la televisión y los juguetes a lo largo de toda la nación. Casi no tiene oposición porque por lo general *parece* bien. Está hecha a la medida de su naturaleza humana y su cultura occidental, además ofrece a los niños lo que quieren oír, ver, tener y ser.

Brooks Alexander, fundador de *Spiritual Counterfeits Project* [Proyecto Falsedades Espirituales] reveló el corazón del engaño de la Nueva Era en un informe publicado en 1983 bajo el título *La religión mundial que viene:*

> *El mal no es lo opuesto al bien, como si pudieran coexistir sobre una base igualitaria. La maldad es una distorsión de lo bueno que Dios creó[...]*
>
> *El mal, nos muestra la Biblia, es[...] un parásito ontológico. Cabalga en las espaldas de lo bueno hasta que lo deforma. Por tal motivo, nunca es el mal en sí mismo lo que nos tienta. Siempre es algo bueno lo que nos atrae, lo que nos imaginamos que es aun «mejor» que aquello que Dios nos ofrece[...]*
>
> *En su esencia, la mentira es seducción a idolatrar la imagen de Dios, una adoración del yo y sus poderes, disfrazada como «conocimiento secreto» y presentada como «la realización de dios».*

Seguros de que Dios reina, podemos confrontar estas engañosas fuerzas que tratan de alcanzar los corazones y las mentes de los niños. Él, quien ama a nuestros niños mucho más que nosotros nos mostrará cómo prepararlos para que reconozcan y resistan el mal, no importa cuán atractivo sea el llamado.

«Mas gracias sean dadas a Dios, que nos da la victoria por medio de nuestro Señor Jesucristo» (1 Corintios 15.57).

Berit Kjos,
Los Altos, California,
1990

UNA PARÁBOLA

En lo alto de la montaña y mirando al valle estaba el Rey. Tenía como fondo el sol, que empezaba a ocultarse. Su figura se alzaba como un monumento de fuerza inflexible. Sobre su cabeza se arremolinaban hostiles y negros nubarrones. Vientos furiosos golpeaban contra su capa. Aun cuando con una palabra pudo haber reprimido aquel asalto, no quería distraerse. Sus ojos estaban fijos en el valle, allá abajo. No dejaba pasar un detalle, por pequeño que fuera, y así seguía el movimiento de los ejércitos que se reunían. De repente, su atenta mirada se detuvo en una figura un tanto difusa, bien escondida para el observador descuidado. Furia y agonía cruzaron por el noble rostro del Rey.

«Una vez yo cuidé de ese impostor», musitó, «pero el príncipe de las tinieblas sólo se amaba a sí mismo. Lo hice fuerte y hermoso, pero usó mis dones para construir su propio trono. ¿Se imaginaría él que su fuerza rebelde podría ahogar mi poder e impedir mi plan? ¿Ha dicho tantas veces sus propias mentiras, que se ha llegado a engañar a sí mismo tanto como a mi pueblo? Su estúpido orgullo ha encendido esta guerra, pero muy pronto hasta sus ciegos esclavos verán el triunfo de mi reino».

La atención del Rey dejó de estar concentrada en el cuartel general del enemigo para fijarse en la ciudad cercana. Sus habitantes dormían despreocupados, presumidos, ajenos a las legiones que esperaban astutamente.

Lágrimas vinieron a los ojos del Rey mientras le hablaba a su amada ciudad. «Si sólo hubieras escuchado», susurró suavemente.

«Si sólo hubieras sabido... pero ignoraste mis advertencias y preferiste seguir tu propio camino. Sólo quisiste oír las agradables palabras que satisficieran tus propios sueños de egoísmo: mentiras y falsas promesas que sonaban más gratamente a tus oídos que mi verdad.

»Pueblo necio, abre tus ojos y ve. Vine a amarte y a cuidar de ti, pero te desviaste. El ladrón vino a robar y a destruir, y tú lo adoras. Si sólo hubieras sabido hacia dónde te estás dirigiendo...»

Allá abajo, cerca del borde de la ciudad, donde el bosque se abría a un amplio claro, el siniestro ejército emergía como una masa fantasmal y temblorosa. De pronto, sin un sonido, un mensaje irrumpió en sus consciencias: El príncipe ha llegado. Como si fueran uno solo, se inclinaron en una temerosa entrega, pronunciando su saludo:

—¡Salve, Príncipe de las Tinieblas! ¡Señor de la fuerza! ¡Salve!

Ante ellos se alzó la enorme y oscura figura del príncipe.

—Mis amigos —les ronroneó—, ¡he oído que habéis hecho un buen trabajo!

Una onda de alivio se movió por sobre aquella masa.

—¡Infórmadme sobre vuestros progresos!

Su voz chasqueó como un latigazo sobre los temerosos esclavos.

—¿Habéis capturado la ciudad? ¿Está su gente dispuesta para seguir?

El silencio pendía como una siniestra espada sobre los temblorosos guerreros. Tiranos presuntuosos lejos de su amo, se acobardaban como perros asustados ante su presencia. Finalmente, una criatura dio un paso al frente.

—Señor, el golpe está casi terminado. La ciudad ha cedido a tu control.

—¿Cómo conseguisteis que se sometieran? —demandó el príncipe.

—Seguimos tu plan, señor. Nos dijiste que hiciéramos a los niños nuestro blanco. Reformar sus escuelas, contaminar sus películas...

—¡Un momento! ¡Un momento! Quiero detalles. ¿Quién se encargó de las escuelas?

—¡Yo, señor!

Una tosca figura caminó hacia adelante. Bajo la pesada capa que ocultaba sus formas, su cuerpo temblaba.

—Explica tu estrategia.

—Seguimos un antiguo plan, señor. Tú nos dijiste que cambiáramos las etiquetas para que tuvieran aspecto moderno, y dio resultado. Primero, susurramos dudas acerca del repulsivo libro de verdad del Rey. Luego sembramos visiones quiméricas del Nuevo Mundo en las mentes de los educadores. Les mostramos imágenes irresistibles de su divinidad, del poder de su Yo, del placer del sexo, y de la paz de la unidad global bajo tu poderoso reinado.

—Más despacio, y describe sus reacciones.

—Los que estaban dispuestos a la transformación se emocionaron con sus nuevos descubrimientos. Rápidamente incorporaron tus ideas en sus programas.

—¿Es eso todo?

—¡No, hay mucho más! También les dijimos que los valores del Rey estorban la libertad, el crecimiento y la felicidad del Yo. Para construir un mundo mejor, ellos deben desechar las limitaciones obsoletas, y pavimentar nuevas vías hacia conocimientos más altos y hacia la unidad espiritual. Rápidos en entender, los niños están aprendiendo a ridiculizar a los arcaicos patrones del Rey y la estrechez mental de sus súbditos. ¡Pronto van a odiar a todos aquellos que se opongan a tus planes!

—¡Bien hecho! —dijo el príncipe con una mueca—. Pero, contrólense.

Escrutando la oscura masa, gritó:

—¿Quién está encargado de la música?

Una criatura que estaba agazapada se escabulló hacia adelante.

—Yo, señor.

—¡Informa sobre tus progresos!

—Hemos reavivado tu fórmula infalible: ruido, drogas y deleite sensual. Esta fórmula bloquea la razón y mantiene abiertos nuestros contactos. Les proporcionamos diversión y nos aseguramos de que volverán por más. Con súbditos más entregados, ya no será necesario ocultar tu identidad. Ellos ansían tu salvaje malevolencia.

—¡Bien hecho!

Antes de gritar de nuevo, el príncipe se restregó las manos en evidente señal de regocijo.

—¡El siguiente! ¿Quién transformó la televisión?

—¡Nosotros! —dijo una voz chillona.

Una figura pequeña y rechoncha empezó a caminar hacia el frente.

—Un batallón preparó caricaturas con magos y superhéroes que ganan batallas gracias a tu energía cósmica. Los niños quieren tener superpoder, por eso les hemos mostrado los tuyos. Por supuesto, camuflados.

—¡Espléndido! —la cruel voz del príncipe se oyó excitadísima—. Pronto ellos van a querer más, y cuando estén atrapados, también van a querer verme. ¡Ah! Yo seré su dios y ellos aprenderán una nueva forma de adoración. Sigue, sigue. Dime más.

—Hemos estado mostrando a periodistas, productores y escritores nuestra visión para el nuevo orden mundial —dijo riéndose—. Los hemos convencido de que los valores del Rey impiden el progreso. Hoy, los niños escogen su propio camino; es decir, nuestro camino...

—¡Mi camino, querrás decir! —chilló el príncipe.

—¡Tú camino, sí, señor! —tembló el comandante.

—¿Encontraron resistencia?

—No mucha. Normalmente, tus brillantes ideas los entusiasman.

—¿Y qué me dices de los súbditos del Rey?

—Muchos no se dan cuenta. Como los mantenemos muy ocupados en el estudio del Libro de la Verdad, no pueden diferenciar tus planes de los del Rey. Algunos tienen miedo de hablar. Los tontos que se quejan tienen que vérselas con nuestro escuadrón de castigo. Por lo general los silencian el ridículo y la exclusión.

Se oyeron vivas de aprobación.

Por un momento, el príncipe se mantuvo mirando fijamente a la oscura masa de guerreros de rostros tapados. Estos miserables súbditos eran movidos a cumplir con sus órdenes no motivados por el amor y la lealtad, sino por el temor y el odio.

—¡Observen a cualquier súbdito que se rebele! —les dijo—. Busquen agujeros en su armadura. Distraigan a los que quieren orar, pero por sobre todo, impidan que usen el Libro.

Relámpagos alumbraron el cielo y el ruido de los truenos fue en aumento hasta que se oía un rugido ensordecedor. Pero el Rey mantuvo su posición vigilante desde lo alto de la ciudad, esperando el momento preciso...

De pronto, levantó su brazo derecho.

—¡Cálmate! —gritó a la tormenta. Y la tormenta se tranquilizó allí en la cumbre.

Levantó su brazo izquierdo, y un batallón de soldados vestidos de blanco apareció ante él.

—¡Ha llegado el momento! He despertado a mi remanente. He hablado a todos los que tienen oídos para oír y ojos para ver. A todo aquel que no está ciego y atado por el engaño. A aquellos que no se han sometido al Príncipe de las Tinieblas.

»Les he dicho que se levanten, que tomen sus espadas, y que peleen por sus familias y sus hijos. Debéis tomar vuestra posición junto a ellos. Cantad con ellos la canción de victoria, y derrotad a las fuerzas del mal en el nombre del Rey.

PRIMERA PARTE

LAS ESCUELAS

CAPÍTULO UNO

Las escuelas y la falsa espiritualidad

Es la educación la que forma la mente de la gente: así como la rama se inclina si se inclina el árbol (Alexander Pope).

Esta nación ha sido convertida en un objetivo para un ataque total. Mientras nuestros expertos militares están ocupados en desarrollar bombas y misiles, se libra una batalla diferente por la conquista del corazón y el alma de los Estados Unidos[...] una batalla entre dos seres sobrenaturales que buscan la devoción del hombre (Erwin W. Lutzer y John F. DeVries, Estrategia «evangelística» de Satanás para esta nueva era).

En una escuela de Lakewood, Colorado, un maestro de quinto grado llevó un gran surtido de libros a su sala de clase para que los estudiantes leyeran durante el período de lectura diaria. Cuando un padre se quejó de que dos de los 239 libros estaban basados en la Biblia, el director le ordenó al maestro Ken Roberts quitarlos.

El 5 de enero de 1989, un juez confirmó la orden de retirar de la sala de clase aquellos dos libros. Los niños en la escuela podían leer legalmente libros sobre budismo, religiones de los indios y mitología griega, pero no sobre el cristianismo.[1]

---

1. En enero de 1989 Beverly LaHaye, de *Concerned Women of America* [Mujeres preocupadas de EE.UU.], distribuyó, información junto con copias de una carta y un memorándum del director a Ken Roberts.

En octubre de 1988, trescientos profesores y empleados de escuelas en San José, California, se reunieron para «mejorar la educación» con talleres y conferencias sobre comunicación, esparcimiento y autoestima. Un grupo se sentó con las piernas cruzadas en una aula en penumbras, aprendiendo la técnica yoga para reducir la tensión. Mientras algunos se sentían cohibidos, otros alegremente daban libertad a sus mentes mientras escuchaban una suave música que provenía de una grabadora portátil. En la sala contigua, otro grupo meditaba tras puertas cerradas con llave.[2]

> Decenas de miles de profesores, consultores educacionales y sicólogos, consejeros, administradores[...] han estado entre los millones que se han involucrado en *transformación personal.* Desde hace poco han empezado a unirse[...] para discutir estrategias (Marilyn Ferguson, *La conspiración de Acuario)*

En otro pueblo de California, un niño de tercer grado oprimía sus sienes con los dedos, cerraba fuertemente los ojos, y arrugaba el rostro en profunda concentración. Trataba de «leer» los símbolos que sostenía en la mano el profesor asistente, sentado al otro extremo de una sala dividida por un tabique. Sobre el escritorio del instructor de lectura descansaba un libro titulado ESP.[3]

Las máscaras de la Nueva Era

La Nueva Era es, en realidad, el viejo ocultismo con un nuevo aspecto. Es el lado hermoso de la maldad, una fachada seductora

2. Therese Iknoian, *Teachers' Lesson in Self-Esteem* [Clases a profesores sobre autoestima], *San José Mercury News*, 12 de octubre de 1988.
3. Relatado por un padre en Palo Alto, California. ESP siglas en inglés que significan «poder extrasensorial».

para el reino de las tinieblas. Disfrazada como paz, poder, sabiduría y amor, este atractivo engaño pretende ofrecer todas las promesas de Dios, sin pedir nada a cambio... nada por el momento. Su seductor llamado de «ser igual a Dios» data de los tiempos del Jardín del Edén. Dios nos advirtió desde mucho antes acerca de los engaños que han llevado a muchos a «apostatar de la fe, escuchando a espíritus engañadores y a doctrinas de demonios» (1 Timoteo 4.1).

> *Porque vendrá tiempo cuando no sufrirán la sana doctrina, sino que teniendo comezón de oír, se amontonarán maestros conforme a sus propias concupiscencias, y apartarán de la verdad el oído y se volverán a las fábulas (2 Timoteo 4.3-4).*

Uno de los mitos más comunes de hoy es el que distorsiona el carácter de Dios y la identidad del hombre. Reacias a someterse a un Dios personal y soberano, multitudes han rediseñado al Creador a imagen de su propio espejismo. Este dios imaginario llega a ser una fuente de poder impersonal que está lista para satisfacer los caprichos de un hombre-dios decidido a seguir su propio destino.

La Nueva Era rehuye al Cristianismo, pero se relaciona muy bien con otras religiones. Cada persona acomoda lo que ya cree, le agrega los ingredientes que desea, y se sumerge en el engaño. Casi todas las combinaciones dan resultado:

☐ Humanismo más poder sobrenatural igual a Nueva Era

☐ Hinduismo más sicología popular igual a Nueva Era

☐ Panteísmo más confianza en el potencial humano igual a Nueva Era

☐ Incluso puede llegar a ser un «cristianismo sin cruz», si a este le quitamos su corazón: Jesucristo y su expiación, y le agregamos algo de misticismo oriental.

La Nueva Era es «un banquete ilimitado de sustitutos espirituales del cristianismo, que proclaman nuestro ilimitado potencial para transformarnos a nosotros mismos y al planeta, a fin de que irrumpa una *Nueva Era* de paz, luz y amor» (Doug Groothuis, «Confrontando la falsa Nueva Era»)

No obstante las ostentosas afirmaciones de los dirigentes de la Nueva Era y el efectivo trabajo que coordinadamente hacen sus grupos, no podemos concederles a ellos todo el crédito por el fenomenal desarrollo de este engaño. Este pertenece a la mente detrás de la escena, el «dios de las fuerzas». Satanás tiene un brillante plan y disemina o canaliza porciones de este a cualquiera que quiera oír, dondequiera que se encuentre. Su plan es establecer un gobierno mundial en el cual él reinará sin oposición a través de su marioneta, el anticristo. Para triunfar, necesita reclutar muchos soldados. Nuestros niños están entre aquellos en quienes ha puesto sus ojos.

Satanás puede falsificar muchas de las cosas buenas que Dios nos ha dado. En sus manos, aun herramientas de enseñanza pueden transformarse en armas cargadas con mensajes distorsionados apuntados a las mentes jóvenes. Observemos sus tres estocadas más importantes hacia la sociedad global:

☐ Reemplazo del cristianismo bíblico por una mezcla de todas las religiones agrupadas en una unidad espiritual centrada en el yo.

☐ Reemplazo de los valores judeocristianos por los de la Nueva Era: cualquier cosa que dé libertad a la persona para seguir sus propios deseos y crear su propia realidad.

☐ Reemplazo del nacionalismo por un gobierno mundial bajo un liderazgo espiritualmente evolucionado.

Guerra contra el Cristianismo

El humanismo es el que ha pavimentado el camino para la Nueva Era, pero la mayoría de nosotros no nos hemos percatado de ello. Como las termitas que pueden irse comiendo los cimientos de una casa durante décadas antes de que se haga visible el daño, así los educadores del humanismo han buscado minar el sistema educacional público. De pronto, tenemos que enfrentarnos con el hecho de que muchas escuelas tienen metas y valores que se contraponen con los de Dios. Y que el sistema educacional orientado por el humanismo promueve sus creencias tan agresivamente como cualquier otro grupo religioso. Escuche su grito de guerra:

> *La batalla por el futuro de la humanidad debe ser planteada y ganada en las salas de clases de las escuelas públicas por profesores que perciban correctamente sus roles como proselitistas de una nueva fe: una religión humanista que reconoce y respeta la chispa en cada ser humano, que los teólogos llaman divinidad.*
>
> *Estos profesores deben personificar la misma generosa dedicación que caracteriza a los más fanáticos predicadores fundamentales, porque ellos serán ministros de otra forma, utilizando una sala de clases en lugar de un púlpito para comunicar los valores humanistas en cualquier materia que enseñen y sin importar el nivel educacional: pre-escolar, guardería o la más grande universidad.*
>
> *Una aula debe ser y será un escenario de conflictos entre lo viejo y lo nuevo: el cadáver podrido del cristianismo, junto con toda su maldad y miseria circundante, y la nueva fe del humanismo, resplandeciente en su promesa de un mundo en el cual el ideal cristiano jamás realizado de «ama a tu prójimo» se alcanzará finalmente.*[4]

El filósofo y educador estadounidense John Dewey encendió el fuego de la reforma educacional. Como el primer presidente de la Asociación Humanista Americana, Dewey se propuso terminar con los cristianos absolutos y resembrar con «verdades» que se ajustaran a los cambios culturales. *El Manifiesto*

---

4. John Dunphy, *A Religion for a New Age* [Una religión para una Nueva Era], *The Humanist* [El Humanista], enero-febrero 1983, p. 26.

Humanista que Dewey firmó en 1933 contiene el corazón de este movimiento. Esta es parte de su introducción:

> *Hay un gran peligro de una final, y nosotros creemos fatal, identificación de la palabra religión con doctrinas y métodos que han perdido su importancia y que son ineficaces para resolver los problemas del ser humano en el siglo veinte... Cualquier religión que pretenda ser una fuerza sintetizadora y dinámica para el día de hoy, deberá diseñarse para las necesidades de esta era. Establecer tal religión es la más grande necesidad del presente.*[5]

Creencia humanista secular:	*Creencia cristiana:*
No hay Dios.	Creemos en un Dios vivo y personal
El mundo existe por sí mismo.	Dios creó el mundo.
Todo «existe para la satisfacción de la vida humana».	«Porque de Él, y por Él, y para Él son todas las cosas». Romanos 11.36
«La meta... es una sociedad libre y universal» donde «la gente coopera para un bien común».	Nuestra meta es «conocer» a Cristo y el poder de su resurrección». Filipenses 3.10
«El hombre es responsable por la realización... de sus sueños».	«Mi salvación y mi honor dependen de Dios». Salmo 62.7
Los valores son relativos y cambiantes, determinados por la necesidad humana.	Los valores bíblicos son absolutos y no cambian. Mateo 24.35

5. *The Humanist Manifesto I* [El Manifiesto Humanista I] (1933), la primera declaración pública de los puntos de vista y objetivos del humanismo, en la que rechazan a Dios y sus valores pero afirman la fe humanista en el poder y evolución del hombre. *The Humanist Manifesto II* [El Manifiesto Humanista II] (1973), reafirmaba y ampliaba este sistema de creencias centrado en el hombre, relativista y utópico.

El hombre tiene en sí mismo el poder para crear un nuevo mundo.	«Lo que es imposible para el hombre, es posible para Dios». Lucas 18.27

Sin la Asociación Nacional de Educación, llamada «la maquinaria política más poderosa de la nación», las ideas de Dewey habrían quedado confinadas a los recintos universitarios. Respaldada por la ANE, la cual está compuesta por escritores de libros de textos y superintendentes tanto como por profesores y maestros de escuelas públicas, la visión de Dewey se extendió como un fuego salvaje. A través de sus dirigentes llegó a comprometerse todo el sistema educacional, con o sin el respaldo personal de educadores locales, muchos de los cuales en realidad ni se daban cuenta lo que estaba ocurriendo.

Pocos libros de texto escaparon al ojo vigilante de los censores de la ANE, quienes tenazmente siguieron el plan de Dewey para proveer un «ambiente puro para los niños». Acontecimientos históricos que chocaban con «la educación progresiva» se distorsionaron o simplemente se eliminaron. La ANE iba tras el control absoluto del contenido curricular de los colegios para profesores, y de la educación sexual libre de interferencias por parte de los padres. Aun cuando setenta y cinco por ciento de profesores en los Estados Unidos se consideran «moderados o conservadores», la ANE respalda el aborto sin consentimiento de los padres, el trato preferencial a los homosexuales, y el congelamiento nuclear unilateral.[6]

El libro *Censura: Evidencia de prejuicios en los libros de texto* de nuestros hijos, del profesor Paul Vitz, da a conocer algunos hechos alarmantes. El cristianismo, los valores familiares, y

6. Bill Sidebottom, *This Teacher's Union Agenda Has Little to Do with Education* [Esta agenda de la Unión de Profesores tiene muy poco que ver con la educación], *Citizen* Septiembre, 1988, pp. 10-11.

ciertas posiciones políticas y económicas se han proscrito sistemáticamente de los libros de texto. Por ejemplo, en 670 historias de lectura en los grados tercero a sexto:

«Ninguna presenta la motivación religiosa judeocristiana, aunque una usa como el tema central en la vida de una niña blanca, la religión de los indios de los Estados Unidos[...]

»Casi ninguna habla de matrimonio o maternidad como algo importante o positivo[...] Pero hay varias historias feministas muy agresivas que abiertamente ridiculizan la hombría».

En una historia original de Isaac Bashevis Singer, el personaje principal oró a «Dios» y finalmente dijo: «Gracias, Dios». En la historia presentada para lectura en el sexto grado, se quitó la expresión «a Dios» y en la expresión «Gracias, Dios» se eliminó el nombre «Dios» cambiándolo por una expresión adjetivada.[7]

Mientras algunos libros de texto de estudios sociales elementales hablan de Acción de Gracias, no explican a quién daban las gracias los peregrinos. Los peregrinos se defininen como «un pueblo que hizo largos viajes». Los indios Pueblo «pueden orar a la Madre Tierra, pero los peregrinos no pueden descubrirse como orando a Dios».[8]

Ataques abiertos al cristianismo mediante la distorsión, el desprecio y el ridículo causan más daño que omisiones. Muchos de los libros que los estudiantes solicitan para leer tienen relación con cultos aburridos, pastores egoístas, o evangelistas lujuriosos. Un texto de sicología iguala al Jesús histórico con dioses mitológicos: «Una gran cantidad de mitos manejan la idea del nuevo nacimiento. Jesús, Dionisio, Odín y muchas otras figuras tradicionales se representan como muertos, después

---

7. La expresión usada para reemplazar a Dios es «Thank goodness» que en lenguaje coloquial en los Estados Unidos también quiere decir «Gracias, Dios», pero sin la presencia del nombre «Dios» (Nota del traductor).
8. Paul C. Vitz, *Censorship—Evidence of Bias in Our Children Text-books* [Censura: Evidencia de prejuicios en los libros de texto de nuestros hijos], Servant Books, Ann Arbor, Michigan, 1986, pp. 3-4, 18-19.

de lo cual volvieron a nacer o resucitaron de entre los muertos».[9]

¿Qué pasa cuando a nuestros hijos se les somete a tales sugerencias y se les presiona año tras año? Muchos se rinden ante las fuerzas hostiles que atacan sus creencias. Pero Dios está listo en todo momento para proveer sabiduría y fuerzas para enfrentar el desafío. Él desea demostrarnos cómo pelear y ganar cada batalla espiritual. Por lo tanto, nos recuerda:

> *Hijitos, vosotros sois de Dios, y los habéis vencido; porque mayor es el que está en vosotros, que el que está en el mundo. Ellos son del mundo; por eso hablan del mundo, y el mundo los oye. Nosotros somos de Dios; el que conoce a Dios, nos oye; el que no es de Dios, no nos oye. En esto conocemos el espíritu de verdad y el espíritu de error (1 Juan 4.4-6).*

Aceptación del misticismo oriental

Aunque religioso en fervor y compromiso, el humanismo no puede satisfacer las necesidades espirituales del hombre. Mientras que la puerta del frente de las escuelas se ha cerrado a Dios, la de atrás se ha abierto ampliamente a las enseñanzas de la Nueva Era. Con el disfraz de reducción de las tensiones, relajamiento, educación centrada o transpersonal, o simplemente incorporada sin designación en el currículo tradicional, agrega poder espiritual al programa existente centrado en el hombre.

Pocos educadores resistieron los nuevos métodos «positivos» de aprendizaje e «integridad». El falso dios, (la Fuente, la Fuerza, la Conciencia Cósmica, la Mente Universal, el Yo) fueron suficientes para los humanistas anticristianos, los maestros bien intencionados, y los niños deseosos de aventuras. Y

---

9. Mel y Norma Gabler, *What are They Teaching Our Children?* [¿Qué están enseñándoles a nuestros hijos?], Victor Books, Wheaton, Illinois, 1985, p. 38.

así quedó montada la mentira. Al egoísmo humanista se agregó la espiritualidad de la Nueva Era, formando un atractivo cuadro de realidad, que satisfizo la naturaleza humana y aprobó los adornos del antiguo paganismo.

> Una de las grandes ventajas que tenemos como militantes de la Nueva Era es que de una vez hemos quitado la terminología de lo oculto, de la metafísica, y de la Nueva Era, quedándonos con conceptos y técnicas que el público acepta en general. Es cuestión de cambiar los nombres[...] demostrar el poder [y] abrir la puerta a millones que normalmente no serían tan receptivos (Dick Sutphen, dirigente de la Nueva Era, en un artículo titulado *«Infiltrating the New Age into Society»* [Infiltrando la Nueva Era en la sociedad]).

¿Paganismo? ¿Querrá usted decir tambores, sensualidad, orgías y brujerías? Correcto. Sin embargo, la Nueva Era prefiere esconder su lado oscuro y siniestro hasta que haya popularizado su lado luminoso y atractivo. Introducido en nobles y positivos términos que hacen bajar la guardia, lo falso engaña a todos, excepto a los que han estudiado lo genuino. Nótense sus engañosos parecidos con la verdad bíblica, así como sus fuertes contradicciones.

La falsificación	La verdad bíblica	Y Dios también dice:
1. Todo es uno: No hay distinción entre Dios y el hombre (monismo). Dios y Satanás son simplemente los dos lados de un todo unificado.	«Ya no hay judío ni griego; no hay esclavo ni libre; no hay varón ni mujer; porque todos vosotros sois uno en Cristo Jesús» Gálatas 3.28	«No tendrás dioses ajenos delante de mí» Éxodo 20.3. «Ante mí se doblará toda rodilla, y toda lengua confesará a Dios» Romanos 14.11

2. Todo es dios. Dios es una fuerza impersonal que fluye a través de cada persona, animal, planta, o cosa (panteísmo, pero puede fácilmente aparecer como politeísmo).	«Porque las cosas invisibles de Él, su eterno poder y deidad, se hacen claramente visibles desde la creación del mundo, siendo entendidas por medio de las cosas hechas» Romanos 1.20	«Ya que cambiaron la verdad de Dios por la mentira, honrando y dando culto a las criaturas antes que al Creador, el cual es bendito por los siglos. Amén» Romanos 1.25
3. El hombre es dios. Dios reside en cada persona como su Yo interior, una Fuente de toda sabiduría y poder.	«Con Cristo estoy juntamente crucificado, y ya no vivo yo, mas vive Cristo en mí» Gálatas 2.20	«Así dice Jehová[...] Yo soy Jehová, y ninguno más hay» Isaías 45.1, 5
4. Mediante cambios conscientes, el hombre desarrolla espiritualidad, gana conciencia de su divina identidad, y alcanza autorrealización.	«No os conforméis a este siglo, sino transformaos por medio de la renovación de vuestro entendimiento» Romanos 12.2	«En los postreros tiempos algunos apostatarán de la fe, escuchando a espíritus engañadores y a doctrinas de demonios» 1 Timoteo 4.1
5. Todas las religiones son una. Si alguna (como el cristianismo) es exclusiva y rehúsa aceptarlo, comete pecado de separatismo.	«La gloria que me diste, yo les he dado, para que sean uno, así como nosotros somos uno: Yo en ellos, y tú en mí» Juan 17.22-23	«No os unáis en yugo desigual con los incrédulos; porque ¿qué parte tiene el creyente con el incrédulo?[...] Porque vosotros sois templo del Dios viviente[...] Por lo cual salid de en medio de ellos y apartaos» 2 Corintios 6.14-17

6. La evolución cósmica requiere fe (tal como: «la fuerza está con nosotros») y la participación espiritual de suficiente gente para crear una «masa crítica».	«Conforme a vuestra fe os sea hecho» Mateo 9.29. «Para que sean perfectos en unidad» Juan 17.23	«Y en ningún otro hay salvación; porque no hay otro nombre bajo el hombres, en que hombres, en que podamos ser salvos» Hechos 4.12
7. Un nuevo orden mundial (globalismo) requiere un gobierno mundial, un gobernante, una religión, y una economía.	«De quien todo el cuerpo, bien concertado y unido entre sí por todas las coyunturas que se ayudan mutuamente, según la actividad propia de cada miembro, recibe su crecimiento para ir edificándose en amor» Efesios 4.16	«Y hacía que a todos[...] se les pusiese una marca en la mano derecha, o en la frente; y que ninguno pudiese comprar ni vender, sino el que tuviese la marca[...] Y su número es seiscientos sesenta y seis» Apocalipsis 13.16, 18.

Muchas aulas en los Estados Unidos se han transformado en talleres donde los niños pueden aprender y practicar las enseñanzas de la Nueva Era. Mientras algunos profesores bien intencionados se vuelven a la meditación y a la imaginación guiada solo porque «funciona», otros basan su quehacer en una fe personal en las doctrinas de la Nueva Era. Los que creen en la unidad con las fuentes cósmicas de paz, sabiduría y creatividad, ven un camino obvio para ayudar a sus estudiantes: ¡conectarlos a la Fuente!

Algunos profesores que prohíben la oración a Jesucristo en sus aulas no ven nada malo en los ejercicios de meditación basados en el hinduismo que conectan a las jóvenes mentes con otros dioses.

Deborah Rozman entrena a profesores. Consultora educacional e instructora en sicología transpersonal, ha escrito un manual titulado *Meditating with children* [Meditación con los niños]. En su libro, agradece a «la Madre Universal de la Compasión que se halla en toda la naturaleza[...] y a Paramahansa Yogananda». Dedica su libro a «todos los niños por doquiera, para que puedan evolucionar hacia su destino espiritual».[10]

La meditación de Rozman deleita a los maestros, tranquiliza a los niños, e invoca a una poderosa fuerza espiritual. Considere este ejercicio. Los niños, sentados en el piso con las piernas cruzadas, forman un círculo y discuten la naturaleza de la energía espiritual. Enderezan sus espaldas de modo que la «energía que procede de la Fuente pueda subir[...] nuestra espina hasta nuestro cerebro».[11] El maestro, entonces, guía a los niños en un ejercicio de visualización. Uno empieza: «Sentado en completo silencio y con los ojos cerrados[...] imagina que estás flotando fuera de tu ojo espiritual (el punto que queda entre las cejas) y vas entrando en la hoja de una planta[...] siente doquiera la unidad de la fuente de toda vida».[12]

O puede usar la visualización: «Medita y entra en la Fuente, y en esa Fuente siente que eres Uno con toda otra Luz, Inteligencia, Amor y Poder[...] Canturrea suavemente para llenar todo el círculo y toda la sala con tu experiencia dentro de la Fuente».[13]

El paso final es una invitación a los niños a extender sus brazos y ser canales de «energía sanadora de la Fuente a través tuyo para otro». El maestro enseña a los niños a «sentir energía viajando desde el Centro por el brazo y saliendo... hacia el objeto o la persona». Explica que esta es una forma en que ellos «pueden ayudarse mutuamente a sentirse mejor».[14]

---

10. Deborah Rozman, *Meditating with Children* [Meditación con los niños], University of the Trees Press, Boulder Creek, California, 1975, v.
11. Rozman, p. 32.
12. *Ibid.*, p. 96.
13. *Ibid.*, p. 42.
14. *Ibid.*, p. 115.

Con cada sesión, los niños se aventuran dando otro paso hacia la esclavitud espiritual. Pocos maestros se dan cuenta de que cualquier contacto con lo oculto puede abrir la puerta a las fuerzas demoníacas y a la opresión. Invocar a las fuerzas espirituales y canalizar su poder usualmente da como resultado la ceguera hacia Dios, y un amplio rango de cambios opresivos de personalidad.

«Toda vez que las técnicas de visualización de la Nueva Era son las mismas que las usadas por los espiritistas en su contacto con los demonios, los incautos iniciados terminan sufriendo mucho más de lo que cualquier poder humano es capaz de librarlos» (Paul Bartz, editor, *Bible-Science Newsletter*).

Stephanie Herzog escuchó por primera vez a Deborah Rozman hablar sobre meditación en una reunión del distrito escolar. Impresionada, al día siguiente empezó a usar la meditación en su propia aula. Para evitar críticas de los padres, llamó aquel ejercicio «centralización» y «concentración de nuestras energías».[15]

Después de años de meditación sin estorbos en el aula, Stephanie Herzog escribió su propio libro promoviendo estos ejercicios espirituales. Su título, *Joy in the Classroom* [Gozo en el aula], ilustra la forma en que apela el engaño de la Nueva Era. Afirma que el estudiante puede encontrar gozo, paz, sabiduría y fortaleza (la imitación de las promesas de Dios) mediante agradables y seductores ejercicios que levantan su conciencia y lo conectan con su verdadero Dios-Yo.

Tales programas podrían llamarse confluentes o educación total, sicología transpersonal, educación afectiva y aprendizaje acelerado. Se presentan habitualmente como control de la tensión, prevención del suicidio o programas para la autoestima.

---

15. *Ibid.*,

Además de la posibilidad de una esclavitud oculta, los niños confrontan un desafío sutil a su fe. Si ellos aprenden que la imaginación que Dios les ha dado puede producir la realidad que desean, ¿para qué seguir a Cristo? Si la agradable meditación puede conectarlos con el dios cósmico, ¿para qué elegir la Cruz? Todas sus necesidades espirituales se satisfacen, a lo menos así parece.

Esta vacunación en contra del cristianismo, junto con el peligro público de prácticas ocultas, debe llamar a los padres a la acción. Debemos conocer qué enseñan las escuelas a nuestros hijos. La doctora Shirley Correll, educadora, tiene nuestra misma preocupación acerca de las nuevas fórmulas de educación. Describe un programa llamado Reflexión quieta e imaginación exitosa:

> *Los niños confiados se manipulan sicológicamente al involucrarse con espíritus guías, religión oriental, hipnosis, alteración de los estados de conciencia y actividades ocultistas prohibidas a los cristianos.*
>
> *En un caso, una pequeña niña se negó a orar en el nombre de Jesús después de que su sabia persona imaginaria, o espíritu guía, le dijera no hacerlo. A menudo, los niños son condicionados sutilmente para no discutir estos programas con sus padres, e incluso algunos se niegan a admitir que tales programas son una cosa real.*[16]

Muchos libros de texto, mientras guardan silencio sobre asuntos relacionados con el cristianismo, no vacilan en enseñar budismo e hinduismo. Un texto de cultura universal decía incluso a los estudiantes que creyeran durante varios días que eran hindúes.[17]

---

16. Shirley Correll, *Quieting Reflex and Guided Imagery: Education for the New Age* [Reflexión quieta e imaginación guiada: Educación para la Nueva Era], *Pro-Family Forum Alert*, septiembre de 1985, p. 5.
17. Gabler & Gabler, 39, citing *People of the World, Teacher Tactics* [Gente del mundo, tácticas del maestro], Scott Foresman Spectra Program, Scott Foresman and Co., 1975, p. 50.

Un texto guía para la salud dedicó varias páginas al proceso y beneficios de la meditación oriental. Usando una ilustración de una adolescente en posición yoga, define la meditación como «una técnica usada para alterar los estados de conciencia y provocar respuestas de relajamiento».[18]

Un profesor de oratoria de un colegio de secundaria en Mountain View, California, pidió a sus alumnos que le dieran ideas improvisadas sobre el tema «Qué me gustaría ser en mi próxima vida».[19] ¿Estaría asumiendo él que la reencarnación es algo que generalmente se acepta entre la juventud de hoy?

Este abrazo de propaganda espiritual alcanza más allá del lado brillante de la Nueva Era. Desafiando groseramente la paciencia de Dios y el cruel poder de Satanás, muchas escuelas se atreven a abrir sus puertas incluso al oscuro ocultismo. En su libro informativo, *What are They Teaching our Children* [¿Qué están enseñándoles a nuestros niños?], Mel y Norma Gabler se refieren a una «solicitud para licencia de bruja» que descubrieron en un libro de habilidades para el sexto grado. Primero describe la conducta grotesca de las brujas, y luego pregunta: «Supóngase que usted quiera seguir una carrera de bruja. En estos días, usted tendría que solicitar una licencia y quizás hasta tendría que integrar el sindicato de brujas. En cualquier caso, sus aptitudes para la brujería podrán evaluarse al llenar una solicitud en tal sentido». Con la solicitud vienen preguntas tales como: «¿Qué palabras usaría usted para hechizar?» y «¿Cuál es su fórmula favorita para preparar un brebaje de bruja?»

La mayoría de los estudiantes no tienen que ir muy lejos para encontrar la respuesta. Un niño de trece años de edad dejó pasmado a su tío, quien aparentemente era un ex brujo, al mostrarle un libro titulado *Curses, Hexes and Spells* [Maldiciones, maleficios y hechizos]. Lleno de detalladas fórmulas

---

18. Contado por un estudiante de secundaria en Mountain View, California.
19. *Ibid.*

de encantamiento y «maldiciones diarias», pertenecía a la biblioteca del Colegio Gladewater, Texas.[20]

Un creciente número de escuelas están diciendo a sus alumnos que investiguen lo oculto, que participen en juegos sobre fantasías ocultistas tales como Calabozos y Dragones, y que procuren conocimiento a través de los horóscopos y la ouija. No se necesita decir que los niños están jugando con un fuego peligrosísimo que ni ellos ni sus maestros pueden controlar.

> *Y entonces se manifestará aquel inicuo[...] cuyo advenimiento es por obra de Satanás, con gran poder de señales y prodigios mentirosos, y con todo engaño de iniquidad para los que se pierden, por cuanto no recibieron el amor de la verdad para ser salvos (2 Tesalonicenses 2.9-10).*

¡La victoria comienza al conocer y amar a Dios y su verdad. De la Palabra viviente nuestros hijos aprenderán *verdadera* sabiduría, discernimiento del mal, conquistarán gigantes, andarán en paz, y experimentarán la libertad de Dios!

---

20. Gabler and Gabler, pp. 39-40.

CAPÍTULO DOS

¿Qué pueden hacer los padres acerca de la falsa espiritualidad?

Porque no tenemos lucha contra sangre y carne, sino contra principados, contra potestades, contra los gobernadores de las tinieblas de este siglo, contra huestes espirituales de maldad en las regiones celestes (Efesios 6.12).

El hogar ha sido ordenado por Dios para preparar a los niños para su inevitable encuentro con un mundo que a menudo es hostil hacia los principios de piedad que consideramos válidos y preciosos, pero a veces también hambriento por realidad y verdad (Ethel Herr, Las escuelas: Cómo los padres pueden establecer las diferencias).

Habiendo visualizado el conflicto, vamos a mirar ahora la guerra invisible detrás de los hechos visibles. Recuerde que esta batalla es infinitamente más grande que cualquier conflicto potencial entre su hijo y su escuela. *Los enemigos no son* los maestros y directores, muchos de los cuales tienen los mismos valores. Ni tampoco lo son los misioneros humanistas de la Asociación Americana de Educación, ANE. El verdadero enemigo es aquel que se ha opuesto a los planes de Dios desde el principio. Satanás usa a sus víctimas enceguecidas para llevar adelante sus planes.

Aunque la guerra espiritual se torne fiera a su alrededor, este no es tiempo de tener miedo, de desesperarse, de enojarse, o de creer que todo está perdido. La historia ha probado que los tiempos de sosiego y tranquilidad producen complacencia, mientras que la represión y la persecución producen cristianos fuertes y unidos. Los aspectos visibles de la batalla sirven para que no olvidemos que estamos en guerra. Y que no podemos pelear contra este gigante usando nuestras propias fuerzas.

Dios es nuestra fortaleza en esta lucha en contra de las fuerzas engañadoras. Si decidimos permanecer juntos, buscar sus poderosos recursos y seguir sus instrucciones, Él *llevará a cabo* sus planes de hacernos madurar y unificarnos en Él.

Nehemías enfrentó una batalla similar a la nuestra. Cuando Satanás envió agentes humanos para burlarse de él, para ridiculizarlo, para estorbarle y para destruir al pueblo de Dios, Nehemías oró. Y Dios respondió con una prueba infalible, que aún hoy da resultado:

Nehemías	Padres cristianos
1. Ellos «oraron[...] y pusieron guarda de día y de noche»	«Vestíos de toda la armadura de Dios[...] Estad firmes[...] orando siempre» (Efesios 6.11-18)
2. Estacionaron familias para que hicieran guardia juntos	Como una familia, enseñe la verdad y reflexione sobre ella, enseñándose mutuamente a resistir el engaño.
3. Ellos llevaban consigo permanentemente sus armas (4.13, 16-18)	Conozca la Palabra de Dios, que es su arma espiritual.
4. Todos se reunían al oír el sonido de la trompeta (4.20)	Familias cristianas permanezcan, oren y luchen unidas contra el engaño.

Paso número uno: «Esté alerta y orando siempre»

La batalla comienza y termina con oración. Ore para tener una franca y amplia comunicación con su hijo. Ore pidiendo discernimiento para detectar enseñanzas que contradigan la verdad de Dios. Ore pidiendo sabiduría para saber cuándo hablar y qué decir.

☐ Ore por su hijo. Para que aprenda a discernir por sí mismo el error. Para que sea valiente al hablar la verdad, y para que tenga el valor de quedar solo cuando todos sus compañeritos siguen tras otro dios. Para que sepa que agradar a Dios es más importante que agradar a los maestros y a sus compañeros.

☐ Oren juntos como familia. Póngase diariamente «toda la armadura de Dios». Recuerde que «ponerse el cinto de la verdad» no significa simplemente confesar tenerla, sino que quiere decir leer, escuchar y obedecer la Palabra, y conocerla de tal manera de saber distinguir los errores. Lea y analice Efesios 6.13-17. Memorice las partes de la armadura.

☐ Ore pidiendo unidad con otros cristianos. Ore pidiendo amiguitos para su hijo que sean cristianos fieles. Ore para que otros padres estén dispuestos a permanecer a su lado. Ya que ha visto la necesidad de involucrarse en los asuntos escolares de su hijo, pida dirección divina.

☐ Ore por la escuela, los maestros, los directores, los consejeros, el comité de educación y la junta de directores. Pida que puedan conocer la verdad de Dios, identificar el engaño, escoger el mejor plan y hacer decisiones sabias.

«Por nada estéis afanosos, sino sean conocidas vuestras peticiones delante de Dios en toda oración y ruego, con acción de gracias» (Filipenses 4.6).

Paso número dos: Sepa qué aprende su hijo en la escuela

☐ Hable con su hijo. Ponga atención a las pistas que puedan ayudarle a distinguir tanto la buena como la enseñanza cuestionable. Sea objetivo y exprese su reconocimiento a escuelas y maestros.

Quizás usted tenga un hijo que no tenga inconvenientes en dar todos los detalles de lo hecho desde que salió para la escuela en la mañana. Mis hijos prefieren contestar a mis preguntas con un lacónico «¡Bien!», o «¡Sí!». Pero he descubierto que un sabroso bocadillo después de clases puede dar lugar a por lo menos cinco minutos de charla. Y hoy, un sandwich en una pastelería del barrio con mi muchacho de catorce años puede animar inmensamente nuestra conversación.

También he descubierto que nuestra conversación se marchita misteriosamente cuando mis hijos sospechan que mi motivación es hacerles un examen en lugar de simplemente disfrutar un rato juntos, o si en casa me mantengo siempre tan ocupada que no tengo tiempo para detenerme a escucharles.

Si usted y su hijo han estado demasiado ocupados para realmente oírse el uno al otro, no es demasiado tarde para comenzar de nuevo. Especialmente si su hijo es un adolescente, no empiece haciendo un montón de preguntas acerca de la escuela. Si tal es el caso, probablemente no estará dispuesto a hablar abiertamente sino hasta que esté seguro de contar con su reacción favorable, con una actitud suya de no emitir juicio y un auténtico interés en él. Si se da cuenta que lo que está explicando produce en usted ansiedad, agitación, rabia, y una impulsiva decisión de salir en busca del maestro, probablemente le ocultará información susceptible de cuestionarse. Ningún niño quiere ser un cómplice en una confrontación emocional o embarazosa.

☐ Ofrézcase como voluntario para asistir al profesor en el aula. Así podrá adquirir conocimiento de primera mano y además tendrá acceso fácil a ser oída por el profesor.

☐ Examine los libros de texto elementales, el material que se lleva a la casa, y toda hoja que proceda de la escuela. Asegúrese de que no destorsionen o eliminen asuntos importantes. Observe los efectos sobre su hijo. Hágase las siguientes preguntas acerca de dicho material:

–¿Censura hechos importantes acerca de las influencias del cristianismo en el desarrollo de nuestro país? ¿Sugiere que el cristianismo carece de importancia, es algo pasado de moda, o un estorbo para el progreso? ¿Le pide a su hijo que admita y discuta su fe en frente de la clase para avergonzarlo abiertamente y ridiculizarlo? Con las nuevas propuestas para llevar la religión de vuelta a las escuelas, observe cuidadosamente los tipos y maneras de enseñar la religión. Puede significar la apertura de puertas para nuevos engaños.

–¿Presenta un punto de vista desbalanceado de los cristianos? ¿Se disminuye y ridiculiza a pastores, evangelistas, misioneros y otros cristianos, sin que jamás se les presente favorablemente?

–¿Enfatiza, promueve o da descripción detallada de otras religiones mientras desoye al cristianismo?

–¿Exige que su hijo participe en ejercicios espirituales? ¿Ofrece instrucciones en yoga, meditación, canalización o imaginación guiada? ¿Ofrece instrucciones prácticas en doctrinas y técnicas de otras religiones como el hinduismo y el budismo? ¿Involucra a su hijo en investigación de actividades ocultas?

–¿Pide a su hijo que no comente información con sus padres?

☐ Discuta con su hijo los hallazgos que haga. Exprese su reconocimiento por las cosas buenas que ve. Explique todo lo que le preocupa. Enseñe discernimiento al señalar las contradicciones con la verdad de Dios.

Paso número tres: Conozca y ejerza sus privilegios como padre

Si usted sospecha de la presencia de algún problema, quizás deba hablar con el profesor y si es necesario, consulte con el manual del profesor y los proyectos para el aula. Pero primero...

☐ Discuta su plan con su hijo, si su edad y su grado de comprensión se lo permiten. Explíquele que Dios lo hace a usted, no a la escuela, responsable de su preparación y educación. Por lo tanto, usted tiene el derecho de saber lo que se le está enseñando y la responsabilidad de velar por su desarrollo espiritual. En obediencia a Dios, usted debe actuar cuando Dios le muestra áreas de peligro o deformación espiritual.

☐ Ore tanto en familia como solo. Pídale a Dios sabiduría, tiempo y dirección, ya que su amor y mensaje deben comunicarse a través suyo. Ore para que las personas con las cuales tendrá que entrar en contacto tengan una actitud receptiva y cooperadora.

Recuerde que la mayoría de los profesores tratan de hacer lo mejor que pueden. Son pocos en realidad los que tratan de subvertir a sus hijos conscientemente. Lo que ellos hacen simplemente es aplicar las últimas técnicas que se les presenta en convenciones o en sesiones de trabajo. Estas nuevas ideas son como la cola de un elefante: raramente revelan el carácter del todo.

Convencidos de que sus intenciones son buenas, la mayoría de los profesores y directores adoptarán una natural actitud defensiva si usted los confronta con rabia o con rudeza. Por lo tanto, ore para que Dios le permita ver el asunto desde la perspectiva de ellos y expréseles sincero aprecio por sus bien intencionados esfuerzos.

☐ Hágale ver al profesor su preocupación. Recuerde que una de las mayores razones por las cuales las escuelas han asumido la responsabilidad para la educación de su hijo es la creencia de que la mayoría de los padres han perdido el interés en hacerlo. ¿Ha mostrado usted su interés ayudando con las actividades de la clase, uniéndose a las actividades de la escuela, o quizás manejando en un viaje de estudios? ¿Ha expresado usted su disposición de ayudar para que la escuela provea la mejor educación?

☐ Pida una cita con el profesor o con el funcionario de la escuela al que necesita ver.

☐ Deje que su apariencia externa refleje la paz y el orden de Dios. Su forma de vestir seguramente afectará la actitud de ellos hacia usted, de la misma forma que afectará su sentido de confianza.

□ Lleve notas escritas sobre las cosas que le preocupan. Vaya preparado para presentar posibles soluciones al problema.

□ Lleve una grabadora portátil y **pida permiso** para usarla. En mi caso, grabar la conferencia me ayuda a revisar las conversaciones, recordar sugerencias y discutir información con mi esposo.

□ Aunque debe estar espiritual y emocionalmente preparado para confrontar resistencia, actitudes defensivas o argumentos negando lo que usted dice, no debe esperar nada de eso. Cyndie Huntington, la fundadora de «PASTIME» (Siglas en inglés que significan: Padres y escuelas incorporando juntos una educación con significado) relata un encuentro con funcionarios de una escuela:

> *Cuando usted da este paso, no es extraño que le digan, «¿Sabe, señora Jones? Su hijo no parece ser el del problema, sino usted. Nos gustaría saber qué tendríamos que hacer para que usted se sienta mejor» o «Nosotros somos los expertos, déjenos cultivar a sus hijos».*
>
> *El director de una escuela le dijo a una miembro de «PASTIME» que debería buscar consejería para ella. Así es que siguiendo la recomendación, buscó terapia con un consejero secular durante dos meses.*
>
> *Durante ese tiempo, pudo percatarse de que ella terminó aconsejando al consejero más que lo que el consejero la aconsejó. La escuela entonces le sugirió que tomara el curso de STEP (Pasos para una paternidad efectiva). Le dijeron que este curso le ayudaría a «interactuar» mejor con la gente y con sus hijos. Ella decidió tomarlo.*
>
> *En la segunda sesión, el instructor hizo la siguiente afirmación: «En nuestra sociedad actual, ya no se aplica aquel principio bíblico de que la esposa debe estar sujeta a su marido y los hijos deben estar sujetos a ambos padres. Todos somos iguales».*
>
> *La madre le preguntó al instructor qué tendría que hacer si su hija de diez años no quería limpiar su cuarto. La respuesta fue que*

el cuarto era propiedad privada de la niña y que si ella quería podría cerrar la puerta con llave para que no se le moleste; y que la mamá no podría entrar en ese cuarto sin permiso de su hija.

Terminó aceptando que el problema no era ni ella ni su hija, era el sistema escolar; por lo tanto, tomó a su hija y la matriculó en una escuela privada.[1]

☐ Familiarícese con las leyes escritas que le puedan ayudar a llevar adelante sus responsabilidades. Por ejemplo, si el personal de la escuela rehúsa mostrarle los proyectos especiales para la clase, usted les puede recordar sus derechos legales como padre.

–La Enmienda sobre Protección de los derechos del alumno (Enmienda Hatch) establece que «todo material de instrucción, incluyendo los manuales del profesor, filmes, cintas o cualquier otro material de instrucción suplementario, el cual se use en conexión con cualquier programa o proyecto de investigación o experimentación, deberá estar disponible para inspección por los padres o apoderados de los niños involucrados en tales programas o proyectos».[2]

–La Cláusula «Protección Igual» de la Decimocuarta Enmienda afirma que los educadores humanistas o de la Nueva Era no tienen más derechos que los cristianos para promover sus puntos de vista religiosos. La interpretación constitucional que prohíbe la oración en las escuelas puede trabajar en nuestro favor.

–Su distrito estatal o escolar debe tener otras leyes beneficiosas. Averigüe cuál o cuáles podrían ser útiles en su situación. Escriba a su senador en Washington y pídale las

---

1. Cyndie Huntington y Nita Scoggan, *Combat Handbook for Parent with Children in Public Schools* [Manual de combate para padres con hijos en las escuelas públicas], Royalty Publishing Company, Manassas, Virginia, 1988, pp. 9-10.
2. Phyllis Schlafly, *Child Abuse in the Classroom* [Abuso de niños en el aula], Crossway Books, Westchester, Illinois, 1988, p.8.

«Actas de libertad de información» en los niveles federal y estatal.

David Schimmel y Lois Fischer, en su libro *The Rights of the parents in the Education of their children* [Los derechos de los padres en la educación de sus hijos], resumen el alcance de nuestros derechos legales:

> *El derecho a la libre información, el derecho a ser protegido en contra de daño, el derecho a inspeccionar los expedientes del estudiante, el derecho a educación especial para estudiantes con necesidades especiales, el derecho a un debido proceso de ley, el derecho a igualdad de oportunidades educacionales, el derecho de libertad en caso de captura o investigación no razonable, el derecho a la libertad de expresión, y el derecho de libertad de religión y conciencia.*[3]

Paso número cuatro: Solicite el respaldo de otras familias cristianas

☐ Busque a otros padres que les digan su preocupación. Su influencia aumenta cuando los padres están unidos.

☐ Ore con otros padres cristianos. Que la oración esté respaldándolo siempre que necesite enfrentar algo.

☐ Forme pequeñas células para discutir, comparar notas, buscar la guía de Dios y planear estrategias. Use las tácticas que usa la comunidad secular cuando esta quiere hacer oír su voz. Asista con regularidad a las reuniones de la junta e intervenga. Una voz sazonada y amable puede ejercer tremenda influencia.

☐ Haga ver a su hijo que usted entiende la soledad en que él quizás se sienta en una clase anticristiana y recuérdele que no está solo. Actualmente Dios está entrenando a muchos

---

3. David Schimmel y Lois Fischer, *The Rights of Parents in the Education of Their Children* [Los derechos de los padres en la educación de sus hijos], National Committee for Citizens in Education, Columbia, Maryland, 1977, p. 1.

niños para seguir su verdad sin importar el costo. Oren juntos para que Dios provea un amigo cristiano que se comprometa y pueda permanecer a su lado por lo que cree. (Esto presupone que él realmente sabe y entiende lo que cree. Así que persista en enseñar la verdad de Dios.)

☐ Si usted tiene una comunicación deficiente con su hijo, ore para que Dios provea un adulto de confianza, que el niño respete y pueda comentarle sus puntos de vista.

Cómo preparar a su hijo para enfrentar el engaño

☐ Sepa que usted es el maestro más importante en la vida de su hijo. Por eso, tome tiempo para compartir sus esfuerzos, leer juntos y ayudarle en sus tareas.

☐ Asegúrese de que su hijo ha entrado en una relación personal con Jesucristo. Debe recibir el Espíritu Santo para entender la verdad bíblica y discernir la falsedad.

☐ Lea y hable continuamente de la Palabra de Dios.

☐ Explique las diferencias entre la verdad de Dios y el humanismo, y entre las verdades de Dios y la espiritualidad de la Nueva Era. Estudie el cuadro del capítulo 1.

☐ Trate de que el descubrir ejemplos de humanismo y la espiritualidad de la Nueva Era parezcan un juego. Revisen juntos las ilustraciones dadas al comienzo del capítulo 1. Explique cada conflicto desde el punto de vista de Dios. En la medida que su hijo aprenda a ver las creencias contrarias a la verdad, crecerá en su discernimiento.

☐ Ponga en alerta a su hijo respecto de aquellas palabras y frases de la Nueva Era tales como *centrarse, meditación, espacio interior, «imagínese usted mismo volando», «siéntase a usted mismo llegando a ser»*, etc. Aunque no hay nada malo en sí en estas palabras, los de la Nueva Era les han dado un nuevo significado y pueden usarse para invocar fuerzas espirituales. Revisen el glosario y explíquele otros términos que encuentre.

☐ Advierta a su hijo que la meditación, la imaginación guiada y otras técnicas síquicas o espirituales no son ejercicios inofensivos, sino que lo pueden poner en contacto con peligrosas fuerzas sobrenaturales, las cuales Dios nos ha dicho que evitemos. Analicen juntos Deuteronomio 18.10-12: «No sea hallado en ti[...] quien practique adivinación, ni agorero, ni sortílego, ni hechicero, ni encantador, ni adivino, ni mago, ni quien consulte a los muertos. Porque es abominación para con Jehová cualquiera que hace estas cosas».

☐ Explique la importancia de la armadura de Dios. Practiquen juntos poniéndosela. Asegúrele a su hijo que esta armadura le dará seguridad espiritual, no importa las fuerzas espirituales que le circunden. Recuérdele que si se le obliga a estar físicamente presente durante meditaciones, sesiones de espiritismo o imaginación guiada, no tiene por qué tener miedo o participar mentalmente. En cambio, deberá dar gracias a Dios por la armadura que le da seguridad.

Cómo preparar a su hijo adolescente para enfrentar el engaño

☐ Esté siempre disponible. Su hijo adolescente necesita que usted tome parte en su vida. Él necesita verle a usted más seguro, más preocupado y más comprensivo que sus compañeros y profesores. Dése tiempo para gozar tanto como para disciplinar, para jugar tanto como para orar.

☐ ¡Escuche! ¡Dedíquele toda su atención! Tenga paciencia. Pida comprensión. No reaccione con gritos, consternación ni horror cuando su hijo le cuente lo que ocurre en su mundo. Responda con sabiduría apacible y amor compasivo.

☐ Demuestre su aprecio. Demasiado a menudo me sorprendo a mí misma corrigiendo y recordando, que confirmando y agradeciendo. Pídale a Dios que le muestre diariamente buenas cosas por las cuales dar gracias.

☐ Provéale información relacionada con el humanismo y la influencia de la Nueva Era en la escuela. Sugiérale algunos buenos libros y artículos que pueda leer. Luego planee un tiempo para analizar la importancia de la relación uno con el otro, tanto como en la familia.

☐ Si usted no está seguro de que su hijo adolescente tiene una relación personal con Cristo, ore diariamente para que se abra a la verdad, contacte a otros cristianos y pida por el momento oportuno cuando usted u otro cristiano pueda guiarle a Cristo.

☐ Anímelo a leer la Biblia cada día. Él necesita usar la armadura de Dios tanto, si no más que usted, y eso requiere alimentarse regularmente con la verdad. Busque en su librería cristiana local estudios bíblicos para adolescentes.

☐ Practique el hábito de orar juntos. Cuando diga sus necesidades (con discreción) y pida oración, su hijo va a encontrar más fácil decir las suyas. Cuando usted expresa reconocimiento por las respuestas de Dios y su sabia y amorosa participación en su vida (según la capacidad de su hijo para escuchar), usted lo está animando para saber, confiar y seguir a Dios.

☐ Sea un amigo a la vez que un padre. Muestre respeto, confianza (donde corresponda) y verdadero aprecio. Por su actitud y sus palabras, asegúrese de que concuerden, usted puede darle una visión de lo que Dios quiere hacer en su vida. Luego camine con él: no adelante, ni empujándolo, ni arrastrándolo, sino a su lado, animándolo con cariño, disfrutando y respaldándolo.

Los niños son un don precioso, una tremenda responsabilidad y su más grande inversión. Prepararlos para seguir a Dios desafía su fe, demanda su tiempo, consume sus energías, lo fuerza a ir sobre sus rodillas, le muestra la suficiencia de Dios y deleita su corazón. No se dé por vencido, y «tened por sumo gozo» (Santiago 1.2). «Fiel es el que os llama, el cual también lo hará» (1 Tesalonicenses 5.24).

Lectura sugerida

Blumfield, Samuel L., NEA: *Trojan Horse in American Education* [El caballo de Troya en la educación estadounidense]

Gabler, Mel y Norma, *What Are They Teaching Our Children* [¿Qué les están enseñando a nuestros hijos?]

CAPÍTULO TRES

Las escuelas y la clarificación de valores

Con cada hora que pasa, la moral se está yendo más y más abajo, y si se sigue hundiendo[...] vamos derecho a los brazos de una dictadura en este país, porque los Estados Unidos no pueden sobrevivir sin fuertes valores morales (Billy Graham).

¿Deberían las escuelas enseñar valores? Inevitablemente lo hacen. Pero la pregunta crucial es: ¿Cuáles valores?

Años atrás, los libros de historia presentaban héroes honorables, modelos de fe, valentía, honestidad e integridad. Las lecturas elementales presentaban a los niños caracteres memorables que demostraban amor genuino, no volátiles sentimientos amorosos, sino aquella clase de amor profundo que con tanta frecuencia es ridiculizado en el día de hoy.

Un atrevido nuevo plan ha tomado su lugar: textos que cuidadosamente se han «peinado» de cualquier traza de inclinación bíblica. Literatura libre de palabras «prejuiciadas» tales como *esposa, esposo, o matrimonio*. Libros que recalcan realidad e importancia mediante los modelos de adulterio, deshonestidad y abuso de drogas.

Este programa llamado *clarificación de valores*, «progresivo» desafía a nuestros hijos a defender o negar todas sus preciosas metas y principios de los días pasados. Insiste en que los únicos valores verdaderos son aquellos que el niño escoge por sí mismo en respuesta a sus necesidades inmediatas, deseos y circunstancias. Les dice: «¡Hagan lo que les parezca!» El resultado es un creciente caos social entre la gente que, como el Israel del tiempo de los Jueces, «cada uno hacía lo que bien le parecía».[1]

Una madre en Kenosha, Wisconsin experimentó los dolorosos efectos de lo que sus hijos aprendieron en la escuela:

> *Cuando mis primeros dos hijos alcanzaron el tercer grado, me di cuenta de que algo andaba mal. El hijo que yo llevaba por la mañana a la escuela no era el que yo recogía por la tarde. Si este cambio hubiese sido un cambio positivo que reflejara progreso académico, habría estado feliz. Sin embargo, el cambio que advertí estaba en su sistema de valores. Parecían insensibles a los valores morales que yo había estado tratando de implantar en ellos como madre, de modo que me sentí como que hubiera fracasado[...]*
>
> *Fallé porque había dado por hecho que las escuelas a las que asistían mis hijos eran como aquellas a las que yo había asistido.*
>
> *Encontré en cambio que la dinámica de las escuelas había cambiado de educación a indoctrinación. Me di cuenta de que los valores que había implantado en mis hijos no se habían reforzado o respetado en las escuelas, sino que se habían desafiado sistemáticamente en la sala de clases.*[2]

Diseminándose como un cáncer, esta transformación de los valores se extiende desde cada centro de nuestro sistema educacional a todas sus partes. En nombre del progreso, promueve un tipo de libertad de compromiso egocéntrica y autocontrol.

---

1. Jueces 17.6 y 21.25.
2. Phyllis Schlafly, *Child Abuse in the Classroom* [Abuso de niños en el aula de clases], Crossway Books, Westchester, Illinois, 1988, 194-195.

> En la educación transpersonal, el alumno es desafiado a ser despierto y autónomo, a cuestionar, a explorar todos los rincones y resquicios de la experiencia consciente, a buscar significados, a probar los límites externos, a comprobar fronteras y las profundidades del yo Marilyn Ferguson, *The Aquarian Conspiracy* [La conspiración de Acuario].

A los estudiantes de secundaria a través de todo Michigan se les dijo que se relajaran y que echaran a correr la imaginación para diseñar un aparato para control de la natalidad «que les gustaría usar». Luego discutirían los criterios usados y las ventajas de un diseño sobre otro. Finalmente, compararían los diseños con los anticonceptivos existentes.[3]

¿Qué es lo que los estudiantes aprenden con esta clase de ejercicios? La respuesta se encuentra en las metas comunes de la humanista NEA (National Endowment for the Arts) [Dotación para las artes] el movimiento de la Nueva Era y Paternidad Planeada: tres fuerzas sociales que están avanzando fuertemente juntas, dispuestas a alcanzar su propósito.

CREENCIAS Y METAS DE

La humanista «NEA»	*La Nueva Era*	*Paternidad planeada*
«Religiones dogmáticas tradicionales o autoritarias que ponen a Dios[...] por encima de las necesidades humanas y al hacerlo, le hacen un perjuicio a las especies humanas».	«La intimidad es apreciada por su intensidad síquica disfrutada y sus posibilidades transformadoras...	La fundadora, Margaret Sanger, llamó al sexo la «fuerza radiante», capacitando a la humanidad para conseguir «la gran iluminación espiritual».

3. *Ibid.*, p. 146.

«Se les debería permitir a los individuos expresar sus inclinaciones sexuales y establecer sus estilos de vida como ellos desean».

«La felicidad y la realización creativa de las necesidades y los deseos humanos[...] son tema continuo del humanismo. Luchamos por la buena vida, aquí y ahora».

(Tomado del manifiesto Humanista II)

Para mucha gente, dar la idea de relaciones exclusivas es el más difícil paradigma de cambio en su propia transformación».[4]

«Cuando uno empieza el proceso de transformación, la muerte y el nacimiento son inminentes: la muerte de la costumbre como autoridad, el nacimiento del yo».[5]

«Una estrecha relación, como un estrecho sistema en la naturaleza, pierde energía».[6]

(Marilyn Ferguson, *La conspiración de Acuario*).

que transformará al mundo, y que alumbrará el único camino a un paraíso terrenal». ¿Cómo? Expresándonos nosotros mismos y realizándonos nosotros mismos más completamente.[7]

Faye Wattleton, actual dirigente y el Humanista del Año en 1986, dice: «Demasiados de nosotros estamos enfocados en detener la actividad sexual de los adolescentes, en lugar de detener los embarazos de las adolescentes».[8]

---

4. Marilyn Ferguson, *The Aquarian Conspiracy* [La conspiración de Acuario], St. Martin's Press, New York, 1987, 397.
5. *Ibid.*, p. 389.
6. *Ibid.*, p. 392.
7. Paul de Parrie y Mary Pride, *Unholy Sacrifices of the New Age* [Sacrificios impíos de la Nueva Era], Crossway Books, Westchester, Illinois, 1988, pp. 154-155.
8. Faye Wattleton, *Reproductive Rights for a More Humane World* [Derechos reproductivos para un mundo más humano], *The Humanist* [El Humanista], julio-agosto 1986 p. 7.

Esta filosofía hedonista no puede traer satisfacción. En cambio provoca un deseo insaciable. Atraer a los niños a un estilo de vida sensual y egocéntrico es la más efectiva forma de Satanás para alejarlos de Dios. Si abrazan el pecado, no pueden ver la gloria de Dios (2 Corintios 4.4).

Regreso a «lo natural»

El humanismo inflamó a la comunidad intelectual porque concuerda con lo que esta ya cree. De igual modo, la teoría de la evolución de Darwin llegó a ser un éxito instantáneo, porque él puso un marco «científico» verosímil alrededor de un mito que ya había encontrado aceptación, validándolo. Esto explica por qué científicos «creativos» pudieron producir un modelo completo de su mitológico eslabón perdido con pedazos de huesos y nadie les dijo nada. Aunque reconocida como falsa, la línea familiar mono-hombre ha permanecido en los libros de texto, como si fuera verdad, a la espera de que los evolucionistas encuentren mejores «pruebas» para su creencia popular. Las probabilidades de la evolución fortuita se han comparado a las de un tornado que irrumpe en el patio de una casa, y de los desperdicios forma un jet Boeing.

Más que un intento de explicar los orígenes, la evolución ha llegado a ser una filosofía social: la forma de ver la vida. Los evolucionistas ven al hombre simplemente como una forma superior de los animales. Si nosotros entrenamos a los animales para que sirvan a la sociedad, ¿por qué no usar las técnicas de la sicología como modificación de la conducta en la sala de clases? ¿Por qué no dar libertad a los niños para que ejerciten sus instintos *naturales*, satisfaciendo su natural evolución animal y desarrollando así su potencial humano?

Las metas humanistas no han cambiado desde los días de Darwin. De hecho, los educadores que en 1973 firmaron el Manifiesto Humanista II resaltaron una forma de vida «natural» y en evolución.

> *En el área de la sexualidad, creemos que actitudes intolerantes cultivadas a menudo por religiones ortodoxas y culturas puritanas, reprimen indebidamente la conducta sexual. Deberían reconocerse el derecho al control de la natalidad, al aborto y al divorcio... La educación moral para niños y adultos es una importante forma de desarrollar conciencia y madurez sexual. (Manifiesto Humanista II, p. 6)*

Aun antes de firmar el manifiesto revisado, dos humanistas innovadores, William Glasser y Sidney Simon, dieron a conocer la forma de llevarlo a la práctica. El libro del doctor. Glasser, *Schools Without Failure* [Escuelas sin fallas], publicado en 1969, presenta un «atrevido nuevo programa»: La clase, dirigida por el profesor, llegaría a ser un *grupo consejero*. De alguna manera, ventilando circunstancias y sentimientos molestos cada día, se suponía que este grupo de encuentro enseñaría responsabilidad social y resolvería problemas de conducta. Consideremos los efectos de esta sugerencia del Dr. Glasser:

> *A menudo, los niños asumen actitudes muy personalistas, hablando de asuntos que ordinariamente se consideran privados[...] El profesor deberá tener presente que en las clases, la discusión libre parece ser beneficiosa y que la ansiedad de los adultos a menudo se exagera. No obstante, a un niño que habla de una pelea de borrachos en su casa, debería pedírsele calladamente que hable de algo que tenga más relación con la escuela.*
>
> *Sin embargo, cambiar en esta forma el tema es a veces poco sabio, porque precisamente esa pelea de borrachos en casa tiene la mayor relevancia en su progreso en la escuela.*[9]

El profesor Sidney Simon fue un poco más lejos. Su libro, *Values Clarification A Handbook of Practical Strategies for*

---

9. William Glasser, M.D., *Schools Wothout Failure* [Escuelas sin fallas], Harper & Row, New York, 1969, p. 161.

Teachers and Students [Clarificación de valores: manual para estrategias prácticas para profesores y estudiantes], contiene ejercicios para la sala de clases, que se han filtrado en los libros de texto y en las escuelas públicas. Una popular estrategia llamada *votando valores* es «una simple y muy rápida forma por la cual cada estudiante en la clase puede hacer una declaración pública en una variedad de asuntos de valores».[10]

El profesor simplemente hace una pregunta. Los estudiantes responden afirmativamente levantando la mano. Su respuesta negativa se manifiesta apuntando con el dedo gordo hacia abajo. Si hay indecisión, se cruzan de brazos. Para pasar, no hay que hacer nada. Después que el profesor ha hecho diez preguntas, la clase discute las respuestas. A cada niño se le fuerza a tomar una posición pública, aun si ha pasado. Imagínese el efecto de esta forma de presión por parte de sus compañeros en un niño que se siente inseguro.

☐ El profesor pregunta: «¿Cuántos de ustedes...?

–¿piensan que hay ocasiones en que se justifica el engaño?

–¿asisten regularmente a servicios religiosos y los disfrutan?

–¿piensan que las mujeres deberían quedarse en casa y ser antes que nada esposas y madres?

–¿desearían tener un amante secreto?

–¿elegirían morir e ir al cielo, si eso significa tocar el arpa todo el día?[11]

Simon recomienda esta lista para todas las edades. Para los estudiantes de secundaria, agrega algunas preguntas tales como: «¿Cuántos de ustedes piensan que la instrucción en educación sexual en las escuelas debería incluir técnicas sobre

---

10. Sidney B. Simon, Leland W. Howe y Howard Kirschenbaum, *Values Clarification A Handbook of Practical Strategies for Teachers and Students* [Clarificación de valores: Manual para estrategias prácticas para profesores y estudiantes], Hart Publishing Co., New York, 1972, p. 38.
11. *Ibid.*, 39, pp. 41-46.

cómo hacer el amor y cómo evitar los embarazos?», y «¿Cuántos de ustedes piensan seguir practicando la religión como lo hacen sus padres?»[12]

Se puede ver cómo la Nueva Era sube como un barómetro que marca la desintegración de la cultura estadounidense. Dostoievski dijo que cualquier cosa es lícita si no hay Dios. Pero cualquier cosa también es lícita si cada cosa [o cualquiera persona] es Dios». (Robert J. L.Burrows, *Spiritual Counterfeits Project* [Proyecto Engaño Espiritual], en «Armonías de la Nueva Era», *Time*, diciembre 1987, p. 72)

Aclaremos la aclaración de valores

Padres y profesores a lo ancho del país han agonizado ante el daño emocional causado por las manipulaciones sicológicas de la clarificación de valores. En respuesta a su clamor, el Departamento de Educación organizó audiencias en siete localidades a lo ancho del país para aplicar la Enmienda Hatch sobre Protección de los Derechos del Alumno.

Cientos de padres se presentaron a testificar en las audiencias de Seattle, Pittsburgh, Kansas City, Phoenix, Orlando, Concord (New Hampshire) y Washington, D.C. Phyllis Schlafly compiló resúmenes de las transcripciones oficiales en un libro asombroso, *Child Abuse in the Classroom* [Abuso de niños en el aula de clases]. Las violaciones reportadas cayeron en las siguientes categorías:

☐ Prejuicios en contra de los valores cristianos. Una madre de Oregon, cuyo hijo llegó a estar «muy confundido acerca de lo correcto o incorrecto de robar», dio este testimonio:

---

12. *Ibid.*, pp. 49,54.

Se les pide a los niños pequeños completar frases como: «El problema con ser honesto es____________». Se les pregunta: ¿Qué es lo que te cuesta más hacer: «robar, engañar, o mentir»?

La siguiente pregunta se discutió en el tercer grado: «¿A cuántos de ustedes les gustaría pegarles a sus padres?»[13]

☐ Prejuicios hacia los valores humanistas/Nueva Era. Una lección para alumnos del primer grado sobre «igualdad de los sexos» muestra la cruel presión para ser igual a los demás:

Cada alumno tenía dos muñecas desnudas: una masculina y otra femenina. Se les pidió que las vistieran con ropa de trabajo para mostrar que cada sexo podría hacer cualquier trabajo[...] como si no estuvieran vestidos. Toda la ropa tenía características masculinas. Luego la profesora hizo que los alumnos se sentaran en un círculo, mientras ella sacaba cosas de un bolso, tales como una espátula para voltear panqueques o una cinta de medir. Les preguntó: «¿Quién usa esto, mamá o papá?»

Si los alumnos no contestaban en la forma que ella quería, les decía: «Bien, ¿quién más usa esto?» Finalmente, un pequeño levantó la mano y dijo: «No me preocupa. Los hombres deben ser los doctores y las señoras enfermeras».

La profesora entonces les preguntó cuántos estaban de acuerdo con él. Por el tono de su voz ellos sabían que no tenían que levantar la mano. Y nadie la levantó. Al pequeño se le humilló por la presión de sus compañeritos y la manipulación de la clase[...] por lo cual rompió en llanto.[14]

Luchando con celo religioso por convertir a los niños al «relativismo moral» o a la «ética situacional», los educadores humanistas alegan que religión es algo más que la enseñanza de los «valores libres». Para ellos, sólo son válidos los valores que llenan los deseos del hombre. Puesto que el hombre es su

---

13. Schlafly, p. 57.
14. *Ibid.*, p. 45-46.

propio dios, tiene la autoridad divina para escoger lo correcto y lo erróneo. Frecuentes cambios de nombres bloquean la clase de «clarificación», que podría dejar al descubierto la manipulación mental. Los programas bien pueden llamarse «educación de valores», «autoconsciencia», «toma de decisiones», «autoaceptación», o «habilidades para la relación interpersonal».

Clarificación de valores es un concepto neutro, alega Simon, toda vez que cada valor es tan válido como cualquier otro. Para él, la única posición *equivocada* es la que cree en valores *absolutos* y por lo tanto, se opone a su creencia de que *todos* los valores son relativos.[15]

☐ Prejuicios en contra de las autoridades tradicionales, tales como padres y la iglesia. Un programa para educación sexual en octavo grado titulado: «¿Estás listo para el sexo?» y usado en Manistee, Michigan, hace preguntas tales como: «¿Sabes por qué tus padres y/o la religión han enseñado que las relaciones sexuales deben esperar hasta el matrimonio? ¿Aceptas tales ideas? Si es así, ¿no estarías creándote una serie de confusiones internas al ir en contra de tus creencias?»[16]

Padres de New Jersey «no pudieron encontrar... en ninguna de las hipotéticas situaciones, un solo ejemplo de padres en una manera positiva. A los padres se los mostró como extralimitados, regañones, injustos, criticones de los amigos de sus hijos». No es de extrañarse de que muchos niños estén confundidos acerca de los valores, critican su fe y se rebelan contra sus padres.[17]

☐ Niegan el derecho a la privacidad. A menudo, los proyectos sobre valores exigen a los alumnos que lleven diarios acerca de sus actividades privadas así como las de sus padres. Se les advierte que no lo digan a nadie.

---

15. Richard A. Baer, Jr., *Teaching Values in the Schools* [La enseñanza de valores en las escuelas], American Education, Noviembre 1982, p. 11.
16. Schlafly, pp. 156-157.
17. *Ibid.*, p. 126.

Otra técnica muy popular hace que los problemas del hogar se discutan en el aula:

A comienzos de este año, mi niño que está en quinto grado vino de la escuela diciéndome que tenían una nueva actividad en la clase que se llamaba el Círculo mágico... Me contó que los niños se sentaron en un círculo y cada uno le dijo al otro las cosas positivas y las negativas que tenía. El maestro no está preparado en sicología, y este tipo de terapia de grupo puede ser peligroso a un niño si se hace inapropiadamente.

También me ofenden las indagaciones que hizo el profesor:

«¿Cuántos de ustedes tienen padres desempleados?»

«¿Cuántos de ustedes tienen padres divorciados?»

«Si alguno de ustedes ha sido abusado sexualmente quiero que me lo diga, porque por ley yo tengo que reportarlo».

Una madre resumió así sus sentimientos: «Considero este programa una invasión de la privacidad familiar, un esfuerzo sutil por erosionar toda autoridad y minar los valores tradicionales que han hecho grande a esta nación».[18]

☐ Práctica de peligrosas y destructivas técnicas sicológicas. Los siguientes intentos de Clarificación de valores, en un programa llamado Guía y consejería preventiva, tuvieron lugar en el condado de Lincoln, en Oregon. Los padres se dieron cuenta del programa *después* de que se propusieron descubrir por qué sus hijos volvían muy perturbados.[19]

A una niña de once años de edad se le puso delante de su clase de consejería para que relatara sus sentimientos cuando encontró muerto a su padre. Después de revelar esta información, ella fue hostigada por sus compañeritos con preguntas burlonas.

A un segundo niño se le forzó, bajo amenaza de disciplina, a pararse en frente de la clase y contar cómo se sentía mientras sus padres se divorciaban.

---

18. *Ibid.*, pp. 83-84.
19. *Ibid.*, a casa ciertos días p. 27.

Un tercer niño, respondiendo a un cuestionario, dijo: «Papi me da nalgadas y a veces me baja los pantalones para castigarme». El papá fue llevado al cuartel de policía.[20]

☐ Encubrimiento de estrategias a los padres. Muchas de las formas en las que las escuelas obtienen información privada acerca de la vida en el hogar de los estudiantes son tan sutiles, que pasan inadvertidas. A menudo los proyectos personales están escondidos en el programa de tal modo, que pareciera no tener ninguna relación, como educación física, inglés o historia. Un profesor en el distrito escolar de Lansing, Michigan, hizo la siguiente observación:

A todos los estudiantes se les trata como si estuvieran en alguna necesidad o tuvieran problemas. A los niños se les somete a pruebas previas, luego pasan por un programa de valores afectivos [relacionado con los sentimientos] como tratamiento para niños con problemas; en seguida, se les somete a nuevas pruebas para ver en qué medida han experimentado cambios por el programa de valores afectivos.

A ningún padre se le ha notificado jamás ni se le ha permitido examinar los materiales, ni ninguno ha consentido jamás a un sicólogo o siquiatra sin licencia que realice un diagnóstico o tratamiento sicológico. Para que «sean honestos» en sus respuestas, se les ha prometido a los niños que a sus padres no se les permitirá verlas».[21]

¿Se imagina usted qué pasará con la información recogida mediante pruebas y experimentos? Los datos antes mencionados sobre valores y conducta alimentan las computadoras y permiten mantener archivos de cada estudiante en un amplio banco de datos. Esto es como si el «Hermano Mayor» estuviera observándolo todo.

---

20. *Ibid.*, p. 34.
21. *Ibid.*, p. 137.

☐ La presión de los compañeros se usa para forzar a los niños a adoptar estándares del grupo, o los valores de los alumnos más populares. Respecto a la «identidad sexual», Sidney Simon dice: «A las escuelas no se les debe permitir que sigan fomentando *la inmoralidad de la moralidad.* Es necesario alimentar un sistema de valores completamente diferente».[22] Una de las estrategias de Simon, *Values Continuum* [Los valores continuos], pide a los alumnos escoger una posición entre dos alternativas extremas:

¿Qué te parece el sexo premarital?

La virgen Virginia	*Millie, la del colchón*
usa guantes	*usa un*
blancos	*colchón*
cada vez que tiene una cita.	*amarrado a la espalda.*

A veces, los alumnos tienden hacia una compulsiva moderación al escoger públicamente una posición. Se ubican en el medio, esperando evitarse problemas o para no pensar críticamente. Si esto ocurre con frecuencia, una cosa que el profesor puede hacer es simplemente eliminar el medio del continuo[...]

[O] El continuo puede ser una línea real o imaginaria justo en el centro de la sala de clases. Los alumnos pueden realmente ponerse en la línea y negociar con los que están a su derecha y a su izquierda para determinar lo correcto de su posición. Los alumnos que están en los extremos opuestos pueden beneficiarse al discutir sus diferencias.[23]

---

22. Doctor Robert Simonds, *As the Twig Is Bent* [Cómo se dobla la ramita], Ciudadanos por la excelencia en educación, Costa Mesa, California, 1984, p. 40, citando a Sidney Simon, *Sexuality in School* [La sexualidad en la escuela], *Colloquy*, Mayo de 1970.
23. Simon, Howe, y Kirschenbaum, 119.

☐ Prejuicios en contra del autosacrificio y una actitud en favor de la autogratificación. El ex secretario de Educación, William J. Bennett y Edwin Delattre delataron la siguiente estrategia, la cual se recomendó para la discusión de la familia durante la hora de comida:

Su esposo o su esposa es una persona muy atractiva. Su mejor amigo se siente muy atraído a él o ella. ¿Cómo crees que deberían reaccionar?

–Mantener una relación clandestina y así nadie lo sabrá.

–Ser sincero y aceptar la realidad de la relación.

–Iniciar el divorcio.

Al comentar este ejercicio, Bennett y Delattre escribieron: «Típicamente, la esposa y el mejor amigo se presentan como teniendo deseos que de alguna manera serán satisfechos; al alumno se le ofrecen sólo alternativas que presuponen esa relación. Se desconocen todas las posibilidades para el autocontrol, la fidelidad, el respeto a los otros, o el respeto a una relación mutua y a los compromisos».[24]

Aparentemente, la sicología educacional apunta hacia estudiantes «libres» para satisfacer sus deseos egoístas sin ningún sentimiento de culpa. Así, reemplazan la idea del servicio a Dios con la mentira de que el hombre existe primariamente para servirse a sí mismo. En último término, ¿qué clase de relaciones producirá esta actitud? ¿Qué ocurre con el sentido de autoestima del niño cuando él y sus condiscípulos aprenden a adorarse sólo a ellos mismos?

Aparte de Dios, tenemos toda la razón para sentirnos desanimados. Pero Dios es más grande que las fuerzas sociales que corrompen a nuestra nación. Él ha prometido «llevarnos en su triunfo en Cristo». A la luz de su suficiencia, podemos enfrentar sin miedo los hechos relacionados con la educación de nuestros hijos.

---

24. Baer, p. 15.

«Al alumno se le guía a creer que él o ella tiene libertad para escoger entre importantes alternativas, lo cual en un nivel es parcialmente verdad. Pero en el crítico nivel meta-ético no hay ni elección, ni siquiera mención de alternativas serias. En efecto, cada vez que se mencionan otras posiciones, casi sin excepción se presentan en un lenguaje altamente prejuiciado» (Richard A. Baer, Jr.).

Educación sexual: ¿Promoción o prevención?

Los adolescentes necesitan conocer la fisiología del sexo y el peligro de encuentros promiscuos. Sus mentes no necesitan estar empapadas de deleites imaginarios y técnicas sobre relaciones sexuales.

Desafortunadamente, la filosofía de la Paternidad Planeada llena la educación sexual hoy en día: que los niños deben dejarse libres para gratificarse en aventuras sexuales sin temor al embarazo.

La sexualidad y el hombre, una colección de artículos escritos y compilados por los miembros de la Junta del SIECUS, ostenta un símbolo yin-yang en su cubierta. Uno de los autores, Lester Kirkendall, revela la filosofía del SIECUS: «El propósito de la educación sexual no es[...] controlar y suprimir la expresión sexual, como en el pasado, sino indicar las inmensas posibilidades para la satisfacción que la sexualidad humana ofrece. Al individuo debe dársele suficiente entendimiento para que *incorpore el sexo más productivamente* y más responsablemente *en su vida presente* y futura».

Trabajando juntos en cambios sociales, la NEA, Paternidad Planeada y el SIECUS (siglas en inglés que significan: Concilio de los Estados Unidos para Información y Educación Sexual) han preparado una centelleante exposición de películas, libros de texto, accesorios y material promocional. La mayoría de estos incentivan la actividad sexual más que desanimarla.

Un texto muy usado y «libre de valores», *Cambiando cuerpos, cambiando vidas*, afirma: «La gente no nace sabiendo cómo actuar en las relaciones sexuales, por lo que usted tiene mucho que aprender con cada pareja».[25] Al intentar ampliar este aprendizaje, explica el sexo anal y oral y sugiere que los alumnos pudieran descubrir las tendencias homosexuales. «Para algunos esa autoconsciencia y entendimiento es algo natural y positivo».[26] Dice cómo los hombres homosexuales hacen contacto visual con desconocidos e insinúa que las lesbianas pueden establecer una relación a través de «hacer trabajo político en los movimientos femeninos».[27] Para los alumnos con padres que no quieren que «entren en la vida sexual hasta un tiempo distante» sugiere que deberían «desconectarse de la voz de sus padres por completo».[28]

Al igual que la clarificación de valores, la educación sexual parece ser más «efectiva» en cambiar estilos de vida cuando se discute abiertamente. Por lo tanto, el programa usualmente incluye preguntas que estimulan la imaginación y así supera la modestia. Piense en la discusión que podría provocar esta pregunta tomada del texto guía de salud popular, *Masculinity and Feminity* [Masculinidad y femineidad]: «¿Cuáles son las ventajas y desventajas de interrumpir el coito para evitar el embarazo?»[29]

---

25. Ruth Bell, *Changing Bodies* [Cambiando cuerpos, cambiando vidas], Random House, New York, 1980, p. 94. Citado en Jane Chastain, *I'd speak out on the Issues if I Only Knew to say* [Yo hablaría del asunto si solo supiera qué decir].
26. *Ibid.*, p. 114.
27. *Ibid.*, p.121.
28. *Ibid.*, p. 87.
29. Elizabeth Winship, Frank Caparulo y Vivian K. Harlin, *Masculinity and Feminity* [Masculinidad y femineidad], ed. revisada, Houghton Mifflin Co., Boston, 1978, p. 63.

Aunque este texto menciona la abstinencia como una posible forma de control de la natalidad, agrega este comentario: «Aunque acepta que sí da resultados, mucha gente no considera la abstinencia como una alternativa satisfactoria».[30]

Obviamente no lo es. Estudios muestran que hoy en día los adolescentes generalmente creen que tienen derecho a disfrutar el sexo. Todo es permitido, mientras no perjudiquen o fuercen a nadie. Por supuesto, «forzar» es bastante subjetivo cuando muchos (que han aprendido a afirmar su superioridad y siguen sus sentimientos) creen que una pareja que se resiste en realidad quiere que se la fuerce.

Asumiendo que los niños indudablemente serán sexualmente activos, Paternidad Planeada junto con el Centro de Opciones Poblacionales están estableciendo clínicas de salud en las escuelas a lo largo de la nación. Estas clínicas proveen información sobre control de la natalidad, anticonceptivos y aborto para niños de doce años para arriba. Mientras que una escuela no puede ofrecer una aspirina sin el consentimiento de los padres, estas clínicas pueden proveer aborto si se les pide y sin el conocimiento de los padres.

Considere esta escalofriante observación: En *The Aquarian Conspiracy* [La conspiración de Acuario] Marilyn Ferguson cita a John Cuber, un sociólogo de la Universidad del Estado de Ohio, quien observó que la juventud de 1969 había rechazado los viejos códigos sexuales:

> *Es un cómodo cliché entre la gente de edad mediana, que cuando el joven inquieto enfrenta las responsabilidades, fijará puntos de vista tradicionales. Esto no es así para esta generación[...] Mientras el pecador reconoce su culpa, hay una oportunidad de que pueda reformarse y arrepentirse. PERO LA CLAVE PARA ESTA GENERACIÓN ES PRECISAMENTE LA AUSENCIA DEL SENTIDO DE CULPA.*[31]

---

30. *Ibid.*,D p. 57.
31. Ferguson, p. 398.

Si la gente desacredita la verdad y ahoga la conciencia, ¿cómo vivirá? Dios nos señala la respuesta:

> *En los postreros días vendrán tiempos peligrosos. Porque habrá hombres amadores de sí mismos, avaros, vanagloriosos, soberbios, blasfemos, desobedientes a los padres, ingratos, impíos, sin afecto natural, implacables, calumniadores, intemperantes, crueles, aborrecedores de lo bueno, traidores, impetuosos, infatuados, amadores de los deleites más que de Dios[...] Y también todos los que quieren vivir piadosamente en Cristo Jesús padecerán persecución; mas los malos hombres y los engañadores irán de mal en peor, engañando y siendo engañados. Pero persiste tú en lo que has aprendido (2 Timoteo 3.1-4, 12-14).*

CAPÍTULO CUATRO

¿Qué pueden hacer los padres acerca de la clarificación de valores?

«Y estas palabras que yo te mando hoy, estarán sobre tu corazón; y las repetirás a tus hijos, y hablarás de ellas estando en tu casa, y andando por el camino, y al acostarte, y cuando te levantes» (Deuteronomio 6.6-7)

Nos guste o no, sabemos que nuestros mensajes más fuertes fluyen de nuestro estilo de vida. Pero aun si pudiéramos vivir perfectamente los valores de Dios, el modelo es incompleto sin una explicación. Nuestros hijos necesitan saber que nuestros valores vienen de la Palabra de Dios, no de una preferencia personal. Necesitan oír y analizar los caminos de Dios hasta que puedan confiadamente explicarlos a otros.

Nuestros hijos necesitan saber el POR QUÉ tanto como el QUÉ. Los que desafían su fe les harán preguntas difíciles. Al conocer la base de sus convicciones, nadie los hará vacilar cuando les digan que los caminos de Dios están completamente pasados de moda.

Recuerdo a mi papá hablándome con lágrimas en los ojos. Me decía: «Jamás votaré por un político que dé muerte a uno de estos niños inocentes». Recuerdo su pasión y pronto comencé a entender por qué. Mi pasión de hoy es una consecuencia directa de lo que él me dijo en mis primeros años (Dr. James Dobson, explicando su convicción acerca del aborto).

Paso número uno: Anime a sus hijos a amar a Dios

☐ Demuestre a sus hijos cuánto ama usted a Dios. Permítales que oigan cuando usted ora, canta, da gracias, habla de Él y hace decisiones que le honren.

☐ Demuestre su propio entusiasmo y compromiso conociendo la Palabra de Dios y oyendo cuando Él le habla por medio de ella.

☐ Lea y analice otros libros que hablen de Dios.

☐ Diga lo que Dios le ha mostrado. Cuente cómo le ayuda.

☐ Ore con sus hijos cada día pidiendo sabiduría y fortaleza. Pídale a Dios vivir su vida en y a través suyo. Demuestre que usted realmente depende de Él.

☐ Denle gracias juntos por las respuestas a sus oraciones. Sea específico en este punto.

☐ Practiquen vivir juntos la verdad de Dios, tanto cuando juegan, como cuando comen, cuando participan en deportes, cuando andan en el auto, cuando dan algo de lo que tienen a otros. Recuerde que todas las actividades son oportunidades para vivir para Dios y reafirmar su reconocimiento por lo que Él vale.

Paso número dos: Diga a su hijo los valores de Dios

☐ Pídale a Dios que le enseñe cómo comunicarse en forma natural según la edad de sus hijos. La forma más sencilla es explicar su experiencia personal desde la perspectiva de Dios durante el tiempo en que naturalmente están juntos: cuando están sentados, caminando, manejando, descansando o levantándose.

Quizás quiera usar los siguientes asuntos y preguntas en el tiempo de la comida familiar o antes de irse a dormir cuando todos están reunidos. Escoja los que considere apropiados para sus hijos y ajuste las palabras a la edad de ellos.

☐ Analicen el significado de *valores*.

–¿Qué quiere decir valorar algo?
–¿Qué valoras *tú*? ¿Lo menos? ¿Lo más?
–¿Qué determina tus valores?
–¿Cuál es el costo que estarías dispuesto a pagar por lo que valoras? ¿Rechazo? ¿Bromas pesadas? ¿No ver cierta película?

☐ Analicen lo que dice Dios acerca de las cosas que Él ama.
–Honrar a los padres: Éxodo 20.12
–Obedecer a los padres: Efesios 6.1
–Respetar a las autoridades: Romanos 13.1
–Seguir a Dios, nuestra máxima autoridad: Hechos 5.29; Juan 10.4
–Amar: 1 Corintios 13.1-7
–Perdonar y cuidar de otros: Lucas 6.27-36

☐ Analicen lo que dice Dios acerca de las cosas que odia.
–Mentir: Proverbios 12.22
–Robar: Mateo 19.18
–Engañar: 1 Corintios 6.8-9
–Codiciar: Lucas 12.15
–Rudeza y blasfemar: Efesios 5.3-5

☐ Hable sobre lo que sucedería si alguien siguiera esta norma: Haz lo que crees que es correcto. ¿Qué importancia tienen para nuestra sociedad los valores judeocristianos?

Nunca he pedido a mis hijos su opinión acerca de la verdad de este valor [la tortura es algo malo] y no lo haré, de la misma forma que nunca les pediré su opinión acerca de la ley de gravedad... En cambio, les enseño la verdad de estos valores y espero que los crean tanto como para que basen su quehacer en ellos. (Richard A. Baer, Jr.).[1]

---

1. Richard A. Baer, Jr., *Teaching Values in the Schools* [Enseñando valores en las escuelas], American Education, Noviembre 1982, p. 12.

Paso número tres: Prepare a sus hijos para que sean «embajadores» de Dios

☐ Cuénteles su propia experiencia en cuanto a defender lo que cree. Deje que sus hijos sientan su propia batalla interior respecto de elegir el camino de Dios. Asegúreles de que usted entiende perfectamente sus angustias, y que el favor de Dios es muchísimo más grande que la aprobación de sus condiscípulos. No importa cómo nos *sintamos*, nosotros que pertenecemos a Él *somos* sus embajadores (2 Corintios 5.20).

☐ Lean juntos historias acerca de cristianos valerosos. Nadie superará la riqueza de la lectura familiar.

☐ Practiquen expresando sus convicciones los unos con los otros (1 Pedro 3.15-17).

Paso número cuatro: Conozca los valores que enseñan en la escuela.

El obvio deterioro moral de los Estados Unidos ha creado una creciente demanda de valores en la educación. Ofrecidos en una atmósfera que rechaza las raíces bíblicas, la enseñanza de valores continuará saliendo del fundamento arenoso del relativismo moral.

☐ Converse con su hijo acerca de las actividades en el aula.

☐ Revise los textos, los proyectos que lleva a casa, y las hojas impresas. Analice las películas y las actividades especiales que se llevan a cabo en el aula. Pregunte:

–¿Desprecian los valores cristianos? ¿Sugieren que la honestidad, la lealtad, la obediencia, y la pureza sexual son anticuados o discutibles? ¿Recomiendan o sugieren como modelo la ética situacional?

–¿Presentan un punto de vista negativo de los padres? ¿Sugieren que los padres son anticuados, demasiado estrictos o intrusos? ¿Recomiendan que los alumnos desoigan las advertencias de los padres, y descarten sus instrucciones?

–¿Exigen a los alumnos que revelen o discutan asuntos privados de la familia? ¿Hacen preguntas personales embarazosas?

–¿Es evidente el uso de grupos de consejería y técnicas sicológicas? ¿Le dicen a su hijo que mantenga en secreto alguna asignación o un proyecto?

–¿Usan sus condiscípulos presión para conformar a sus hijos a los estándares populares y al consenso de la clase?

–¿Promueven la autocomplacencia en lugar de las acciones que produzcan paciencia, perseverancia, y madurez?

☐ Si alguna respuesta es afirmativa, hable con el profesor o con las autoridades de la escuela. Siga las instrucciones del capítulo 2 de este libro.

En enero de 1989 cuatro maestros de escuela demandaron a la junta y al superintendente escolar de San Ramón, California, por prohibir el uso de películas pornográficas en el aula. Los dos principales argumentos de su queja fueron: 1) Sus derechos constitucionales a *la libre expresión en el aula*, aun ante una *audiencia cautiva*, que debe escuchar para pasar los exámenes; y 2) Prohibir las películas pornográficas es equivalente a enseñar el punto de vista religioso de un grupo minoritario de ciudadanos.

☐ Revise los programas sobre educación sexual y/o SIDA. Si promueven la actividad sexual, únase a otros padres preocupados y sugieran alternativas. Dos excelentes programas son: Respeto por el sexo, que anima a los adolescentes a «decir no», y, Ayuda al adolescente, el cual subraya «el profundo sentido de la sexualidad en el contexto de la familia». (Respeto: *Respect*, Inc., Bradley, IL 60915; Ayuda: *Teen-Aid*, N. 1330 Calisped, Spokane, WA 99201.)

Paso número cinco: Busque la cooperación de su iglesia

☐ Sepa qué le ofrece a sus hijos. Averigüé qué programas para niños y grupos juveniles enseñan. Pregunte:

–¿Enseñan los principios básicos del cristianismo?

–¿Tienen algún plan de enseñanza de los valores bíblicos? Un resumen básico y simple de los valores de Dios son los Diez Mandamientos. El Sermón del Monte (Mateo 5-7) muestra la absoluta imposibilidad de guardar la Ley de Dios mediante nuestras propias fuerzas, y por lo tanto nos recuerda reconocer nuestra necesidad y confiar en la suficiencia de Dios.

☐ Anímense los unos a los otros. Los padres necesitan establecer los estándares, de manera que los hijos se den cuenta de que otras familias siguen los mismos principios.

☐ Establezca un centro de recursos. Lea libros, información, experiencias y preocupaciones con otros padres.

Paso número seis: Subraye los valores a través de involucrarse en los procesos políticos

A menudo, en los Estados Unidos la democracia y la libertad se aceptan como un hecho natural. Usted puede ayudar a sus hijos a *valorar* estos privilegios, participando en los procesos políticos. Como padres, a muchas de nuestras preciosas libertades se ha desafiado en estos tres niveles políticos: local, estatal, y nacional. Si fallamos en hacer oír nuestra voz, estas libertades podrían desvanecerse.

En 1988, un grupo cristiano llamado «Comité por las preocupaciones morales» alertó al público respecto de dos proyectos de ley sometidos a la legislatura de California. Ambos murieron en la asamblea. Si se hubieran aprobados, habría significado que 1) *la educación sexual habría comenzado a impartirse en el primer grado*, y 2) la *educación sobre el SIDA*, con énfasis en los actos homosexuales, *se habría iniciado en los jardines infantiles*. La mayoría de quienes hacen las leyes en el sistema escolar están luchando por valores opuestos a los nuestros. Por lo tanto, los cristianos deben *permanecer alerta* y *unirse en una resistencia en el Espíritu*. Para recibir información actualizada sobre asuntos críticos, suscríbase a *Citizen*, una revista mensual publicada por *Focus on the Family*, Pomona, CA 91799.

Proyectos para adolescentes

☐ Hablen sobre las metas básicas de la educación sexual. En la mayor parte de los lugares, estas metas no son para prevenir la actividad sexual sino para liberar a los niños de la autoridad paterna a un «nuevo» estilo de vida sensual. Esto satisface las demandas de los humanistas y de la Nueva Era sobre volver a lo natural, al placer y a la instrucción mediante el éxtasis. También cierra las puertas al cristianismo. La mayoría de los adolescentes activos sexualmente no escucharán voces que cuestionen el estilo de vida que han elegido.

☐ Defina y analice palabras tales como

–Amor. ¿Qué Clase? ¿Basado en qué? (Véanse 1 Corintios 13.1-7; Juan 15.12-14; 1 Juan 47.12)

–Compromiso. ¿Qué es? ¿Cuáles son los costos?

–Respeto. ¿Qué te hace respetarte? ¿A otros? ¿Quiénes son algunas de las personas a las que tú respetas? ¿Por qué?

–Intimidad. ¿Qué es? ¿Cómo pueden los adolescentes ser íntimos sin tener sexo? ¿En qué manera el sexo afecta la intimidad?

–Castidad o virginidad. ¿Qué significan? ¿Por qué son buenas?

–Salidas. ¿Ventajas de salir en grupo? ¿Desventajas de salir en grupo? ¿Cómo puedes mostrar amor sin sexo?

–Aborto. Para ilustrarse sobre el tema estudie los siguientes pasajes de las Escrituras: Jeremías 1.4-5; Salmos 127.3; 139.13-16; Lucas 1.41-45.

☐ Vea en 1 Corintios 3.16-17; 6.15-20 lo que Dios dice sobre su cuerpo.

☐ Sepa lo que Él dice en Efesios 5.3; 1 Tesalonicenses 4.3-5; y Génesis 39.7-9 acerca del sexo fuera del matrimonio.

Un estudio llevado a cabo en iglesias cristianas conservadoras permitió saber que entre adolescentes que creen que Jesús es su Salvador personal y que asisten a la iglesia semanalmente, cuarenta por ciento ha estado involucrado en sexo premarital.[2]

Dios hizo el sexo como la más hermosa expresión de intimidad y amor posible entre un hombre y una mujer que se comprometen el uno al otro. Pero fuera del matrimonio, puede estropear cuerpo y mente con penosísimos dolores emocionales y heridas para siempre. «Cuando usted tiene relaciones sexuales con alguien, usted está teniendo sexo con todos aquellos que los han tenido con esa persona por los últimos diez años, y con todos aquellos con quienes esa persona y sus parejas ocasionales han tenido sexo por los últimos diez años» (C. Everett Koop, ex Director General de Salud Pública de los Estados Unidos).

Pasos hacia la victoria

☐ Véase como especial y único, perteneciente a Dios: creado, planeado y protegido por Él.

☐ Sea sabio. Estudie las instrucciones de Dios (Efesios 5.15-18).

☐ Conozca sus debilidades. Confíe en la fortaleza de Dios. Atrévase a decir no a la desobediencia *antes* de dar el primer paso. Evite situaciones comprometedoras (1 Timoteo 4.7-8).

☐ Recuerde:

–Bástate mi gracia porque mi poder se perfecciona en la debilidad (2 Corintios 12.9-10).

–Él vive en mí Gálatas (2.20).

–Todo lo puedo en Cristo que me fortalece (Filipenses 4.13).

2. Dr. Robert Simmonds, *President's Report* [Informe del Presidente], Ciudadanos por la excelencia en educación, Costa Mesa, California, enero 1989.

LECTURAS SUGERIDAS

Phyllis Schlafly, *Child Abuse in the Classroom* [Abuso de niños en el aula]

Jane Chastain, *I'd Speak Out On the Issues If I Only Knew What to Say* [Yo hablaría del asunto si solo supiera qué decir]

Dos revistas mensuales, *Familywalk* [Caminantes familiares] y *Youthwalk* [Caminantes juveniles] ofrecen importantes artículos y preguntas para discusión diaria para las familias y los adolescentes. Pueden pedirse a *Enfoque a la familia*, Pomona, CA 91799.

CAPÍTULO CINCO

Las escuelas y el globalismo de la Nueva Era

Quien controla a la juventud, controla el futuro. (Adolfo Hitler)

Bajo la apariencia de enseñar un pensamiento mundial, hay un creciente elemento en el movimiento educacional global que quiere que los niños adopten la filosofía místico/ocultista de Oriente. La educación global supuestamente es para enseñar a los niños que ellos son «ciudadanos» de una aldea universal. Educadores místicos globales van más allá de los asuntos políticos, económicos, y tecnológicos hasta incursionar en lo que ellos llaman «consciencia planetaria». Este «más alto nivel» de la conexión global, dicen ellos, traerá al mundo paz y prosperidad (Eric Buehrer, Asociación nacional de educadores cristianos).

Una engañosa esperanza está surgiendo a través de nuestra sociedad de hoy: *¡Podemos* hacerlo! Podemos recrear la tierra y completar el proceso evolutivo. Cuando eliminemos las barreras nacionales, seremos uno. Al unir las conciencias alrededor del mundo, podemos llegar a ser una super raza, la verdadera familia mundial de Dios.

Las semillas de este sueño utópico fueron sembradas por John Dewey. Alimentado por la calurosa amistad entre la humanista NEA y la UNESCO, el concepto de unidad mundial echó sus raíces bien profundamente en cada nivel de la educación pública. En su libro sobre educación global, *New Genesis: Snaping a Global Spiritualy* [Un nuevo génesis: Modelando una espiritualidad global], el doctor Robert Muller, subsecretario de la UNESCO (Consejo Económico y Social de las Naciones Unidas), desenmascara el carácter espiritual del movimiento:

> *A escala universal, el género humano está buscando nada menos que su reunión con lo «divino», su trascendencia hacia siempre formas de vida más alta. Los hindúes llaman a nuestra tierra Brahma, o Dios, porque ellos precisamente no ven diferencia entre nuestra tierra y lo divino. Esta vieja y simple verdad está apareciendo lentamente de nuevo en la humanidad[...] mientras estamos a punto de entrar a nuestra era cósmica y llegar a ser lo que siempre quisimos ser: el planeta de Dios.*[1]

Para los «evolucionistas» de la Nueva Era, el sueño de una unidad global justifica cualquier procedimiento, por cuestionable que sea. No es sorpresa, entonces, encontrar que en las aulas se estén enseñando los pasos para alcanzar esta altiva visión. La fórmula que substituye la sabiduría de Dios con valores engañosos puede también cambiar el mundo: aplastar lo viejo; y entonces de sobre sus cenizas surgirá una nueva tierra, un mundo libre de culpa, miedo, opresión y pobreza. El tiempo está maduro para comprar la mentira.

«Empezando con el año escolar 1982-83 se comenzó a enseñar a los niños la ciudadanía mundial en lugar de la ciudadanía estadounidense. Esto se hizo gracias a una orden dada a través de los profesores del Concilio Nacional de Estudios Sociales» (doctor William M. Bowen, Jr.).[2]

---

1. Robert Muller, *New Genesis: Shaping a Global Spirituality* [Un nuevo génesis: Modelando una espiritualidad global], Doubleday y Co., New York, 1982, p. 49.
2. Wkilliam B. Bowen, Jr., último presidente del capítulo Capital de la Asociación de Educadores Cristianos, es un maestro de escuela y el autor

Esta transformación va en aumento a medida que millones alrededor del mundo esperan el mundo de armonía, amor y unidad de la Nueva Era, un mundo de perfeccionamiento del dios-hombre, que sigue la sabiduría del Yo.

La nueva historia de los Estados Unidos

El globo de la Nueva Era tiene dos fallas principales. Desconoce la naturaleza egoísta del hombre y el plan soberano de Dios. Sí, la Biblia nos dice que se levantará un gobierno mundial ondeando la bandera de la paz. Pero ese gobierno desencadenará una crueldad y una opresión inimaginables. Como la antigua Babilonia, demostrará tanto el esclavizante poder de Satanás como la depravación fundamental del hombre separado de Dios.

Quienes compran la mentira de que el fin justifica los medios usualmente descubren que los medios pronostican el fin. Podemos tener una idea del futuro mundo de la Nueva Era observando las formas en que su gente trata de lograr sus metas. Si durante el proceso engañan, engañarán hasta el final.

Sabemos que los gobiernos totalitarios distorsionan los hechos históricos con el fin de controlar a sus pueblos, pero los Estados Unidos nunca llegarán a eso. ¿Nunca? En su libro, *What Are They Teaching Our Children* [¿Qué les están enseñando a nuestros hijos?], Mel y Norma Gabler ofrecen algunos hechos escalofriantes:

> ☐ *¿Quién merece más atención en los textos de historia de los Estados Unidos: George Washington o Marilyn Monroe? Un libro de texto para el quinto grado dedicó siete páginas a la señorita Monroe, mientras a George Washington solo lo mencionó ocho veces.*

---

de *Globalism America's Demise* [Globalismo: La muerte de los Estados Unidos].

☐ *En otro libro de texto para el quinto grado encontramos esta pregunta: Nombre la nación que a su parecer corresponde al siguiente pasaje: «En este momento, ningún país sobre la tierra es más culpable de prácticas horrorizantes y sangrientas que_______. Vaya donde quiera e investigue donde lo desee. Recorra todos los reinos del Viejo Mundo. Viaje a través de Sudamérica. Examine cada error. Cuando haya encontrado el último, compare lo que encontró con las prácticas diarias de esta nación. Entonces usted estará de acuerdo conmigo en que, en materia de asquerosa barbaridad y vergonzosa hipocresía,________ no tiene rival» ¿Se rinde? El país tan honrado es los Estados Unidos.*

☐ *Nombre seis principales áreas culturales del mundo. Si usted incluye en su lista a los Estados Unidos y a Europa Occidental, usted está equivocado, al menos según un texto de historia mundial el cual selecciona a: Rusia, Latinoamérica, China, India, África, y el Medio Este.*

☐ *Complete: «[En China] el ________vuelve a la gente hacia un futuro de ilimitadas promesas, una escalera hacia las estrellas». La palabra que falta es marxismo.*

☐ *Patrick Henry lanzó la consigna de la independencia de los Estados Unidos: «¡Denme la libertad o denme la muerte!» ¿Vale la pena que esta frase sea memorizada por los niños? Según un estudio hecho por la revista This Week, sólo dos de los cuarenta y cinco textos de historia la incluyen.*[3]

---

3. Mel y Norma Gabler, *What Are They Teaching Our Children?* [¿Qué les están enseñando a nuestros hijos?], Victor Books, Wheaton, Illinois, pp. 47-48, citando: *A Global History* [Una historia global], Allyn y Bacon, Inc., 1979, Unidades 4-9.
**A Global History of Man* [Una historia global del hombre], Allyn y Bacon, Inc., 1970, p. 444.
*De un discurso por el editor de la revista *This Week* Primavera 1962.
**Search for Freedom: America and Its People* [En busca de libertad: Estados Unidos y su gente], The Macmillan Company, 1973, pp. 7, 348, 384-390, 403, 412.
**Many Peoples, One Nation* [Mucha gente, una nación], Random House,

Mientras otras naciones disimulan su pasado, nuestro país da a los educadores de la mentalidad global la libertad de reducir la imagen de nuestra nación a la de un tirano codicioso y agresivo. Ellos nos lo advirtieron, pero nosotros no creíamos que podría ocurrir. En su Manifiesto II, los humanistas nos dijeron que ellos «deploran la división de una raza humana en grupos nacionalistas» y apuntan a «trascender los límites de la soberanía nacional». Están decididos a construir «una comunidad mundial»... con la ayuda de nuestros hijos. Un libro de texto para profesores, dice:

> *La lealtad a una nación es el impedimento más grande que bloquea la creación de un gobierno internacional. Hay que abolir las fronteras nacionales y el concepto de soberanía. La forma más rápida de hacer esto es condicionar al joven a una alianza más amplia. Una opinión favorable a un gobierno internacional se desarrollará en los estudios sociales en la escuela elemental.*[4]

«Las escuelas públicas serán el canal de salida de la propaganda para estos defensores de la doctrina de «un solo mundo». Las escuelas están siendo inundadas con propaganda que promuevan el concepto de interdependencia, la que enfatiza "perspectivas mundiales" y "ciudadanía mundial"» Marlin Maddoux, animador de *Point of view* [Punto de vista].

La enseñanza de la paz

La desvalorización de los Estados Unidos y la proclamación del punto de vista globalista de paz están programando a los niños para aceptar cuatro metas de la Nueva Era:

Inc., 1973, p. 88. Adaptado de un discurso por Frederick Douglass y presentado a los estudiantes en el tiempo presente sin refutación.

4. Doctor James Kennedy, *Traip up a Child* [Formando a un niño], Coral Ridge Ministries, sermón pronunciado el 2 de junio de 1985, Fort Lauderdale, Florida, p. 7.

☐ Un Nuevo Orden Mundial, el cual implica un único gobierno mundial.

☐ Una nueva religión mundial. La mescolanza (sincretismo) de la Nueva Era de humanismo, hinduismo y cualquier otra religión —excepto el cristianismo genuino— llena perfectamente estos planes.

☐ Un nuevo sistema económico para la redistribución de la riqueza, especialmente la de los Estados Unidos.

☐ Una ciudadanía global desarrollada espiritualmente y regida por medio de los más avanzados y más conscientes.

Para conducir a los alumnos al campo de un solo mundo, los globalistas usan una estrategia llamada «Dirección en la crisis». Su incentivo es el miedo, y su programación puede comenzar incluso en el Jardín de Infantes. Este «plan de paz» primero sumerge a los niños en una auténtica preocupación llevada a la proporción de crisis —tales como el horror de una guerra nuclear y el desastre ecológico— y luego usa reacciones predeterminadas para propósitos políticos.

Para evitar confrontaciones con «grupos cristianos de derecha», las Escuelas Públicas de Seattle recomendaron en un memorándum fechado el 19 de abril de 1985 usar otros términos para «Educación global». Un «término temporal pero seguro es el desarrollo de un programa internacional/multicultural».[5]

[El movimiento político detrás de los estudios sobre la paz] ha insistido en que nuestras escuelas instituyan los «talleres de infusión» en los cuales los profesores separan días «para crecer en el entusiasmo de la educación de la justicia y de la paz». Esto no es educación; esto es adoctrinamiento (William Bennett, ex secretario de Educación de los Estados Unidos).

---

5. Kathleen Hayes y Samantha Smith, *Grave New World* [Modelar un nuevo mundo], New Awareness Consultants, Golden, Colorado, 1986, p. 18.

Con la excusa de que el temor de los niños debe sacarse a la superficie, educadores globalistas encontraron la fórmula para producir el necesitado temor. A los niños se les mostraron películas de víctimas mutiladas por las bombas de Hiroshima y Nagasaki.[6] Se les dijo que discutieran los efectos a largo plazo en «aquellos que no murieron inmediatamente por la explosión». Analizaron el dolor progresivo de los enfermos por la radiación. Estudiaron fotos de los sobrevivientes de Hiroshima. Practicaron juegos para estimular pensamientos acerca de su propia muerte. Se imaginaron la devastación que sufrirían su propio estado, condado y vecindario en grandes explosiones nucleares. Y así, llegaron a tener miedo.

Escucharon extraños relatos acerca de la agresividad de los Estados Unidos y sus políticas de no cooperación. Aprendieron a simpatizar con los problemas de Rusia con sus vecinos poco amistosos. Practicaron juegos para probar la riqueza y la codicia de los Estados Unidos de cara a una comunidad mundial hambrienta.

Se irritaron y sintieron vergüenza. En ese punto, un profesor entrenado pudo dirigir su miedo, su enojo y su sentido de culpa nacional en la dirección deseada: hacer álbumes de recortes sobre la paz, hablar sobre desarme a los adultos, participar en foros comunitarios, escribir cartas a sus senadores, y al Presidente.[7]

Si la educación global enseñara hechos en lugar de sentimientos, discernimiento en lugar de simpatía, y realidad en lugar de propaganda, nosotros la aplaudiríamos. Pero no es así. Enseña a nuestros hijos a desdeñar a los Estados Unidos y a favorecer a Rusia, y a despreciar a nuestros líderes nacionales.

---

6. William Bennett, ex secretario de Educación de los Estados Unidos, «Estados Unidos, el mundo y nuestras escuelas», presentado ante la Conferencia del Centro de Ética y Política Pública, Washington, D.C., 5 de diciembre de 1986, p. 7.
7. Andre Ryerson, *The Scandal of Peace Education* [El escándalo de la «Enseñanza de la paz»], *Commentary*, junio de 1986, p. 38-41.

Los lleva a creer sincera pero arrogantemente que sus cándidas soluciones son mejores que las basadas en consideraciones sabias de información histórica, la opresión de las dictaduras, y las horrendas injusticias del comunismo.

Al deplorar esta subversión política en nuestras escuelas, William Bennett, entonces secretario de Educación, señaló:

> *No es propio usar las salas de clases estadounidenses para «crear una red popular de educadores activistas» como los Educadores de la responsabilidad social[...] describieron sus metas[...]*
>
> *Los deseos no reemplazan el hecho de que los ciudadanos estadounidenses no comentan casi nada de su vida política con las personas que viven bajo un gobierno totalitario[...] Todos los hombres son creados iguales; pero no todos los sistemas sociales y políticos son iguales.*[8]

El centésimo mono

Para inspirar a los niños con un sentido de poder para cambiar su mundo, varios programas sobre la paz usan la siguiente fábula como un principio guía. El hecho que evoluciona desde sucesos reales hace creíble la ficción.

La historia comienza con un grupo de científicos japoneses que en 1952 estudiaron los monos macacos en la isla de Koshima. Cuando dejaron algunas batatas —un nuevo deleite— en la playa, una joven mona hembra mejoró el sabor quitándoles la arena en el agua cercana. Primero, los monos más jóvenes imitaron su acción, y pronto lo hicieron los demás.

Aquí, reportes objetivos abren una vía a los fabricantes de mitos de la Nueva Era. En la historia ficticia usada por varios programas sobre la paz, Imo, una joven hembra, enseña el truco a su madre. Luego, sus pequeñas compañeras de juego que la imitan enseñan el truco a sus respectivas madres. El siguiente punto es importante: «Sólo los adultos que imitaron

---

8. Bennett, pp. 8, 10.

a sus hijos aprendieron este adelanto. Otros adultos siguieron comiendo las batatas sucias». En este punto el mito se remonta al reino de lo mágico.

> *En el otoño de 1958, un cierto número de monos de Koshima estaban lavando batatas. No se conoce el número exacto. Vamos a suponer que cuando el sol se levantaba cada mañana, había noventa y nueve monos en la Isla Koshima, que habían aprendido a lavar sus batatas. Vamos a suponer, además, que tarde esa mañana el centésimo mono aprendió a lavar batatas. ¡Y ENTONCES SUCEDIÓ!*
>
> *Por la tarde, casi cada mono en la tribu estaba lavando batatas antes de comérselas. ¡De alguna manera, la energía añadida de este centésimo mono creó una brecha ideológica!*
>
> *Pero nótese. Lo más sorprendente que los científicos observan fue que el hábito de lavar las batatas cruzó espontáneamente los límites del mar. Colonias de monos en otras islas y grupos de monos continentales en Takasakiyama empezaron a lavar sus batatas.*
>
> *Así, cuando un cierto número crítico alcanza un conocimiento, este nuevo conocimiento puede comunicarse de mente a mente. Aunque el número exacto puede variar, el Fenómeno del Centésimo Mono significa que cuando sólo un limitado número de personas conoce un nuevo camino, ese conocimiento puede quedar como propiedad de esas personas. Pero hay un punto en el cual si sólo una persona más despierta a ese nuevo conocimiento, se produce un área de fortalecimiento, de tal modo que este conocimiento alcanza a todos[...] Se necesita su consciencia para salvar al mundo de una guerra nuclear. Usted puede ser el «centésimo mono».*[9]

Tal como la teoría de Darwin sobre la evolución física, la fantasía del centésimo mono ha sido usada como base «científica» para el sueño de la Nueva Era, tanto dentro como fuera del campo de la educación. ¡No se sorprenda! Ella presenta lo último en evolución espiritual. Y en la atmósfera subjetiva de

---

9. Ken Keyes, Jr., *The Hundred Monkay* [El centésimo mono], Vision Books, St. Mary, Kentucky, 1982), pp. 13-18.

la Nueva Era, una revelación no se objeta. ¡Simplemente se cree!

La leyenda del centésimo mono llegó a ser un mito popular, suficientemente poderoso como para dar forma al credo de la Nueva Era. La gente lo creyó, y actuó en consecuencia. Por ejemplo, algunos años atrás, Randolph Price, quien dirigía la cadena de la Comisión Planetaria, hizo un llamado para un día especial de meditación global.

> *Vemos que la consciencia del mundo se está dirigiendo rápidamente hacia una masa crítica[...] Haciendo lo que sea necesario para cambiar nuestro conocimiento individual, empezaremos a romper algunas de las oscuras bolsas de energía negativa en la mente de la raza humana. Mediante nuestro esfuerzo colectivo del 31 de diciembre de 1986, podemos literalmente encender la Luz del Mundo, disolver la oscuridad, y empezar la Nueva Era de espiritualidad en el Planeta Tierra.*[10]

Una religión del nuevo mundo

Para inspirar una explosión de la conciencia, algunos líderes de la Nueva Era están dispuestos a ganar una masa crítica de mentes. Los niños serán el objetivo principal de los esfuerzos misioneros y las escuelas el gran campo de batalla.

William Bennett expone esta siniestra mezcla de programas de las escuelas públicas, espiritualidad de la Nueva Era y sueños cósmicos:

> *Otro legado de la Era de Acuario que ha sido incluido en demasiados currículos de nuestros estudios sociales es un prejuicio irracional perturbador. Guías curriculares para[...] educación global están llenas con llamados a una «conciencia elevada», para que estudiantes y*

---

10. John Randolph Price, *The Planetary Commission* [Comisión planetaria], Fundación Quartus para la investigación espiritual, Inc., Austin, Texas, 1984, p. 68-69.

> *profesores se vean a ellos mismos «como pasajeros de una pequeña nave cósmica», para que las actividades en la sala de clases comprendan «intuición», «imaginación», o «visión» de un «futuro mejorado».*
>
> *Dos proponentes de tal currículo han hecho una ingenua advertencia: «Estos ejercicios pueden parecer peligrosos a sus patrones de pensamiento lógico. Para conseguir mejores resultados, suspenda sus habilidades de juzgar y prepárese a aceptar ideas que parecen tontas y/o poco prácticas». Bien, si vamos a renunciar a un juicio crítico, mejor renunciemos enteramente al juego de la educación.*[11]

Mientras que «conciencia elevada» y «visionario» suenan demasiado místicos para admitirse en muchas escuelas, no ocurre lo mismo con una nueva forma de educación religiosa. Al enseñar las más importantes religiones como el budismo, el hinduismo, el islamismo y el cristianismo, el plan enfatiza las «verdades» universales y los valores históricos de cada una. Esto parece justo e inocuo, hasta que recordamos que el globalismo de la Nueva Era llama a una religión universal, una unión persuasiva de todos los supuestos caminos a la vida eterna. Toda vez que el cristianismo bíblico no llena este requisito, algunos de estos cursos han llegado a ser, en manos de profesores «progresistas», una plataforma para criticar a la exclusividad cristiana y promover la meditación oriental.

En 1988, hablando a varios de los líderes religiosos y políticos mundiales, Robert Runcie, el arzobispo de Canterbury, enunció esta fórmula de la Nueva Era para una unidad espiritual en una comunidad global. Nótese la apologética y comprometida versión de «Cristianismo»:

> *Detrás [de este resurgimiento de religiones] yace un creciente pesimismo acerca del futuro de la humanidad, y un anhelo insatisfecho por vías alternativas para la salvación[...]*

---

11. Bennett, p. 9.

> *Todos los siglos en que el Espíritu Santo ha venido trabajando con los cristianos, también ha debido estar trabajando con los hindúes, los budistas, los musulmanes, y todos los demás[...] Esto debería significar que habría que renunciar a algunas demandas de exclusividad de la Iglesia.*[12]

En abril de 1988, representantes del cristianismo, del budismo, del hinduismo y del judaísmo se reunieron con líderes políticos de más de cuarenta naciones para «solucionar» los problemas del mundo. Esta Conferencia Global referente a la sobrevivencia humana de líderes espirituales y parlamentarios fue patrocinada por el Templo del Entendimiento. Fundado con el respaldo de dignatarios tales como el de Dalai Lama, primer ministro de la India, Nehru, Eleanor Roosevelt, los papas Juan XXIII y Pablo VI, el Templo ha llegado a ser un «semillero de diálogo internacional y completa promoción del misticismo oriental». Entre sus recientes invitados a hablar están los partidarios de la Nueva Era como Donald Keys, David Spangler y Benjamín Creme, quien continúa anunciando la venida del Señor Maitreya, «el Cristo».[13]

> Porque se levantarán falsos Cristos, y falsos profetas, y harán grandes señales y prodigios, de tal manera que engañarán, si fuere posible, aun a los escogidos (Mateo 24.24).

El pecado de separación

Debido a que la unidad es esencial para la creación de una masa crítica, muchos dirigentes de la Nueva Era se han unido

12. «El surgimiento de una coalición: Se unen líderes políticos y religiosos», Reporte especial, *The Omega Letter* [La letra Omega], North Bay, Ontario, Canadá, noviembre 1988, p. 2.
13. *Ibid.*, p. 3.

para condenar la obstruyente influencia de la Iglesia. ¿La objeción? Su «energía negativa» bloquea la conquista evolutiva imaginada. Como usted ha visto, esta creencia se ha filtrado en la sala de clases.

Así, cualquiera que sigue a Dios es culpable de los únicos pecados en la Nueva Era: incredulidad y separación. Cristianos que rehúsan ver la visión global y unirse a la marcha evolutiva cosecharán persecución. «Y también todos los que quieren vivir piadosamente en Cristo Jesús padecerán persecución» (2 Timoteo 3.12). Porque Satanás, el falso ángel de luz, odia a todo aquel que refleja la verdadera luz de Cristo en el mundo.

Para Dios no es ninguna sorpresa este diabólico engaño. Mucho antes, Él nos advirtió que un día el anticristo gobernará el mundo y perseguirá a los cristianos:

> *Y se le permitió hacer guerra contra los santos, y vencerlos. También se le dio autoridad sobre toda tribu, pueblo, lengua y nación.*
>
> *Y la adoraron todos los moradores de la tierra cuyos nombres no estaban escritos en el libro de la vida del Cordero que fue inmolado desde el principio del mundo (Apocalipsis 13.7-8).*

Mientras tanto, Dios nos llama a mantenernos separados. Como su pueblo santo, no podemos unirnos a las fuerzas del anticristo:

> *No os unáis en yugo desigual con los incrédulos; porque ¿qué compañerismo tiene la justicia con la injusticia? ¿Y qué comunión la luz con las tinieblas?[...] ¿Y qué acuerdo hay entre el templo de Dios y los ídolos?*
>
> *Porque vosotros sois el templo del Dios viviente, como Dios dijo: Habitaré y andaré entre ellos, y seré su Dios, y ellos serán mi pueblo. Por lo cual, salid de en medio de ellos, y apartaos» (2 Corintios 6.14-17).*

Ya que nuestros hijos pertenecen a Dios, Él cuida de ellos. Si tienen que padecer en algo la persecución, Él estará con ellos para protegerlos, fortalecerlos y darles compensaciones espirituales que excedarán a los sufrimientos. Deje que Él anime a su familia con esta promesa:

> *Esforzaos y cobrad ánimo; no temáis, ni tengáis miedo de ellos, porque Jehová tu Dios es el que va contigo; no te dejará, ni te desamparará[...] No temas, ni te intimides (Dt 31.6, 8).*

Educación de muerte

La parte más rara de la educación global es aquella en la que a los niños se les anima a explorar sus sentimientos acerca de la muerte. Para estar seguros de que tienen sentimientos que explorar, los alumnos visitan cementerios y funerarias, prueban los ataúdes, observan el embalsamamiento de los cadáveres, planean sus propios funerales, escriben sus propios obituarios, diseñan su propia lápida, y practican escribiendo notas de suicidio.[14]

En la línea de la clarificación de valores de Simon, estos programas recalcan en que el suicidio es un asunto de preferencia y elección personal. Con tal clase de aliento, los alumnos discuten las razones para morir, y crean fantasía en torno al sentido del término de sus propias vidas.

¿Están las escuelas públicas de los Estados Unidos enseñando a los niños a odiar la vida y a amar la muerte? La respuesta es un rotundo sí. ¿Cómo se está haciendo esto? Mediante lecciones en clarificación de valores que enseñan a odiar la vida, y lecciones en educación de muerte que enseñan a amar la muerte (Samuel Blumenfeld, autor de NEA: *Trojan Horse in American Education* [Caballo de Troya en la educación estadounidense]).

---

14. Paul de Pierre y Mary Pride, *Unholy Sacrifices of the New Age* [Sacrificios impíos de la Nueva Era], Crossway Books, Westchester, Illinois, 1988, p. 76.

Los juegos de simulación, tales como «El bote salvavidas» y «Refugio contra la radiación» fuerzan a los niños a hacer decisiones de vida o muerte, basadas en lo que es «importante» y «lo que es muchísimo mejor para la mayoría».[15] Los alumnos tienen que contestar preguntas tales como: ¿Quién debería saltar por la borda a los tiburones para salvar al resto: un cantante, un médico o un sacerdote? ¿Qué miembro de la familia debe morir en el holocausto nuclear (o en una cueva o en un accidente de bote): la madre, el padre, el hermano, la hermana o uno mismo?[16] Imagínese la confusión, las pesadillas, los temores y los remordimientos en los niños inseguros de sí mismos como consecuencia de este ejercicio.

Estos ejercicios pueden ser parte de cualquiera clase. Por ejemplo, un libro de texto de inglés para el octavo grado usado en Hingham, Massachusetts, pedía a los alumnos que escribieran notas de suicidio. Les daba un «importante» ejemplo que incluía la sugerencia: «No me puedo comunicar con mis padres. [Ellos] no me entienden...»[17]

La Universidad de Kentucky desarrolló un «juego mental simulado» en el cual el maestro guía a sus alumnos a través de «un tipo de sesión de espiritismo» en una pieza semialumbrada por candelas. A los alumnos se les dice: «Ustedes van a experimentar la muerte y en ese momento van a ver cómo se elevan hasta el cielo de esta habitación... [y estarán] contentos en su nuevo estado».[18]

Gregg L. Cunningham fue un funcionario en la oficina regional de Denver del Departamento de Educación hasta el día en que escribió un sencillo informe exponiendo el programa

---

15. *Ibid.*, 75 citas del Profesor Richard Mitchell, *The leaning Tower of Babel* [La Torre inclinada de Babel], Brown y Compañía, Boston, Little, 1984.
16. *Ibid.*, 75.
17. Phyllis Schlafly, *Child Abuse in the Classroom* [Abuso de niños en el aula], Crossway Books, Westchester, Illinois, 1988, p. 308.
18. Informe de educación, marzo de 1988, p. 1.

globalista del Centro para relaciones internacionales de enseñanza. Juzgue usted esta observación:

> *Por una morbosidad[...] sin par los alumnos pueden considerar lamentable que nuestra cultura no «anima las visitas» de los «espíritus de los muertos» (descritas como una «abierta y gozosa» experiencia, en contraste con las actitudes «inconfortables» de los estadounidenses hacia la muerte).*[19] *Entonces se les enseña a «crear su propio altar de honor a la muerte» (en una forma reminiscente de la adoración ancestral).*[20]

¿Quién promueve estos cursos que alientan la depresión y el suicidio? ¿Ecologistas que quieren reducir la población mundial para economizar recursos? ¿Propulsores de la eugenesia que, como Hitler y Margaret Sanger, imaginan una superraza libre de sus miembros débiles o mal conformados? ¿Reformadores sociales que quieren insensibilizar a la juventud para organizar las muertes sociales por la eutanasia y otros medios? ¿Los misioneros de la Nueva Era que quieren presentar la muerte como una vía para escapar del presente hacia un mañana mejor mediante la reencarnación; o, los visionarios de la Nueva Era que quieren preparar a nuestra juventud para la purga profetizada de todo aquel que cometa el pecado de la separación, que entorpezca el plan al no unirse a la marcha hacia la nueva sociedad global?

Lo más seguro: todo lo mencionado arriba. Dios dice, «Todo el que me odia a mí, ama la muerte». El ejército engañador que odia al pueblo de Dios abraza la educación de la muerte y otras filosofías mortales.

---

19. Gregg L. Cunningham, Blowing the Whistle on Global Education [Haciendo sonar la alarma sobre la educación global], preparado por Thomas G. Tancredo, representante regional ante el Departamento de Educación de los Estados Unidos, Denver, Colorado, 1986, p. 22, citando *Death: A part of Life* [La muerte: una parte de la vida], Centro para las relaciones internacionales de enseñanza, Denver, 1981, p. 39.

20. *Ibid.*, p. 47.

El aliento de Dios

Nuestros hijos no son inmunes a los mensajes del mundo. Escuchan las mismas voces tentadoras, las mismas «afirmaciones positivas» que otros oyen y siguen. Preocupado por su seguridad espiritual, nuestro Pastor nos recuerda: «No vivan ya según los criterios del tiempo presente; al contrario, cambien su manera de pensar para que así cambie su manera de vivir y lleguen a conocer la voluntad de Dios» (Romanos 12.2, 3, Dios Habla Hoy).

A menos que ayudemos a nuestros hijos a desarrollar una estructura mental y un filtro basado en la verdad bíblica, las filosofías del mundo los meterán dentro de sus moldes. Por lo tanto, es esencial que ellos vean a Dios como la fuente final de sabiduría, poder y triunfo.

Jehová, roca mía y castillo mío, y mi libertador;
Dios mío, fortaleza mía, en él confiaré;
mi escudo, y la fuerza de mi salvación, mi alto refugio.
Invocaré a Jehová, quien es digno de ser alabado,
y seré salvo de mis enemigos (Salmo 18.2-3).

CAPÍTULO SEIS

¿Qué pueden hacer los padres acerca del globalismo de la Nueva Era?

La mejor educación global para los estudiantes estadounidenses es la verdad: la verdad acerca de nosotros mismos, nuestra cultura política, y nuestra herencia intelectual. Y la verdad acerca del mundo, en todos los aspectos, tanto amistosos como hostiles, por todo lo bueno y por todo lo malo (William Bennett).

En el Antiguo Testamento podemos leer algunas de las verdades más prácticas de Dios. Él le dijo a su amado pueblo que alcanzarían el éxito si lo conocía, amaba, confiaba en Él y lo seguía. Por otro lado, si despreciaba su consejo, perdería su protección y llegaría a ser esclavo de pueblos extraños.

Y el pueblo olvidó. Al crecer fuerte y confortablemente en la rica tierra que Dios le había dado, se hizo complacientes y pasaron por alto sus advertencias. ¿El resultado? Perdió todo: posesiones, vida, la Tierra Prometida y la grata presencia de Dios. Al querer salvarnos de consecuencias similares, Dios nos recuerda a través de Pablo: «Estas cosas sucedieron como ejemplos para nosotros, para que no codiciemos cosas malas, como ellos codiciaron» (1 Corintios 10.6).

Mientras Israel siguió las instrucciones de Dios, disfrutó de su protección, su paz y prosperidad. Este mismo principio se aplica en el Reino espiritual donde nosotros, pueblo de Dios, vivimos con nuestro Rey. En cualquiera nación, la llave del éxito descansa en las antiguas instrucciones que Dios dio a Israel:

Amarás a Jehová tu Dios de todo tu corazón, y de toda tu alma, y con todas tus fuerzas. Y estas palabras que yo te mando hoy, estarán sobre tu corazón; y las repetirás a tus hijos (Deuteronomio 6.5-7).

Y por haber oído estos decretos, y haberlos guardado y puesto por obra, Jehová tu Dios guardará contigo el pacto y la misericordia[...] Bendito serás más que todos los pueblos (7.12, 14).

Y comerás y te saciarás, y bendecirás a Jehová tu Dios por la buena tierra que te habrá dado. Cuídate de no olvidarte deJehová tu Dios, para cumplir sus mandamientos[...] no suceda que comas y te sacies, y edifiques buenas casas en que habites[...] y se enorgullezca tu corazón, y te olvides de Jehová tu Dios (8.10-14).

Hoy, los Estados Unidos están siguiendo un peligroso camino. En la búsqueda de pequeños dioses menores, nuestro país está corriendo el riesgo de perder la libertad. Pero si nos volvemos a Dios, Él protegerá a nuestras familias y extenderá el tiempo de paz en esta tierra.

Si se humillare mi pueblo, sobre el cual mi nombre es invocado, y oraren, y buscaren mi rostro, y se convirtieren de sus malos caminos; entonces yo oiré desde los cielos, y perdonaré sus pecados, y sanaré su tierra (2 Crónicas 7.14).

Paso número uno: Conocer y amar a Dios

☐ Mantenga un programa familiar de lectura de la Biblia que sea apropiado a la edad de su hijo. Miren juntos a Dios, véanlo como realmente Él es, no como el mundo lo ha distorsionado.

☐ Ayude a su hijo a ver su identidad desde la perspectiva de Dios. Nosotros somos estadounidenses, pero más importante que eso, somos ciudadanos del reino de Dios. Él es nuestra única esperanza para una paz genuina y permanente, no importa lo que ocurra a nuestro alrededor (Filipenses 3.20; 1 Juan 3.1-3; Efesios 1.1-10).

☐ Ayude a su hijo a darse cuenta de la presencia de la mano de Dios al construir esta nación. Enséñele acerca:

–de los fundamentos históricos para la democracia estadounidense. Señale que hay mucha gente que ha venido a los Estados Unidos huyendo de la persecución religiosa. Al buscar la guía de Dios, ellos establecieron cuidadosamente controles y balances gubernamentales para preservar su preciosa nueva libertad.

–del desarrollo de nuestro país. Peter Marshall, Jr., escribió un excelente libro, *La luz y la gloria*, el cual muestra la amorosa mano de Dios en el crecimiento de nuestra nación.

–de la influencia de los fieles dirigentes cristianos que confiaron en Dios, siguieron sus caminos, y construyeron sus verdades en los fundamentos y en el tejido de esta nación.

☐ Eduque a su hijo para que entienda:

–el valor de nuestra libertad para adorar y seguir a Dios. Háblele de los fieles estadounidenses que ofrecieron sus vidas por la libertad que hoy algunos ciudadanos desacreditan, niegan o subestiman.

–el valor de nuestro privilegio dado por Dios de influir en las políticas públicas a todo nivel de gobierno. La disposición de escuchar toda clase de ideas, incluso las revolucionarias, prueba su tolerancia y su libertad. Sin embargo, aparte de Dios esta libertad puede destruir a nuestra nación.

Los Estados Unidos son grandes porque los Estados Unidos son buenos, y si algún día los Estados Unidos dejaran de ser buenos, los Estados Unidos dejarían de ser grandes (Alexis De Tocqueville).

Paso número dos: Conocer las instrucciones y las advertencias de Dios

☐ Como familia, lea Deuteronomio 6-8. Es posible que con los hijos más pequeños usted quiera usar una versión ilustrada de la Biblia preseleccionando las secciones más apropiadas. Cada día estudie una porción. Escriba y analice *lo que Dios le dice a usted que haga, y lo que Él promete hacer por usted.* Acceda a ayudar a los demás a seguir las instrucciones de Dios y a recibir sus promesas.

☐ Muestre a su hijo que a la vez que es esencial una comprensión y cooperación globales, la Nueva Era busca el establecimiento de una comunidad global basada en la presunción evolucionaría que el hombre —no Dios— controla y puede salvar el mundo.

Quizás quieran leer juntos *Lord of the Flios* [El señor de las moscas] de William Golding (una frecuente asignación en sexto grado). Ilustra la naturaleza del hombre, la lucha de poder entre el bien y el mal, y la cruel dominación del más desviado agresor.

☐ Resuma las diferencias entre la democracia estadounidense y las políticas agresivas, autoritarias y anticristianas de los gobiernos comunistas y las dictaduras militares.

☐ Muestre cómo el compromiso a la verdad nace de los valores bíblicos. No obstante que amamos a la gente del mundo, no podemos confiar en gobernantes que se oponen a Dios y rechazan sus valores. Uno de los más mal comprendidos y más mal citados versículos de la Biblia es Lucas 6.37: «No juzguéis, y no seréis juzgados». Dios no nos está diciendo que cerremos nuestros ojos al mal y toleremos creencias y conductas que lo niegan a Él. En lugar de eso, nos exige que «juzguemos con medida justa».

La Asociación de Educación Global (AEG) diseñó una «Promesa a la Tierra», que comienza con *«Prometo lealtad a la Tierra»*. La AEG es una red de individuos en más de cincuenta países, que se encuentra en proceso de crecimiento. Ha declarado que «la comunidad humana está haciendo esfuerzos por tratar de librarse de la camisa de fuerza de ejemplos nacionales obsoletos a una comunidad mundial viable» y respalda el orden mundial con una «espiritualidad global» [panteísta] (D. L. Cuddy, ex consultor en el Departamento de Educación de los Estados Unidos).[1]

El hinduismo enseña a los de la Nueva Era a desconectarse de las realidades desagradables. Pero no será la cantidad de visualización creativa o la reunión de pensamientos ilusionados los que crearán un mundo perfecto. El hecho es que, aparte de Dios, la humanidad sigue sufriendo de una urgencia mortal por conquistar y controlar. Por ejemplo, el despliegue tan auspicioso de afabilidad de Rusia (1987-1989) demuestra cambios tácticos pero no necesariamente transformación de metas. Al advertirnos para que nos cuidemos del engaño, Peter Lalonde resume un informe del Pentágono titulado «Perfiles de grupos terroristas», que usted puede pedir a la Oficina de publicaciones del Gobierno de los Estados Unidos:

> *Así, mientras con una mano los soviéticos han estado recientemente haciendo promesas de recortes en los gastos de defensa y reduciendo sus fuerzas militares en Europa, con la otra han continuado, inexorablemente, financiando, entrenando y asesorando a terroristas ansiosos por intimidar brutalmente a sus oponentes políticos a que acepten el comunismo.*[2]

---

1. D.L. Cuddy, *Education: Globalism Tramples on American Values* [Educación: Los valores estadounidenses pisoteados por el globalismo], *The Christian World Report*, Abril 1989, p. 12.
2. Peter Lalonde, *The Omega Letter* [La letra Omega], mayo de 1989, p. 17.

Sea que el comunismo contemporáneo, disfrazado de un idealismo de paz y libertad, juegue o no un papel principalísimo en el establecimiento del Nuevo Orden Mundial, sí ilustra el proceso de engaño. Lea la siguiente descripción que en su libro *Beyond the Wall* hace Hank Paulson, un misionero a Europa del Este. Compárelo a las demandas de «libertad» de la autoridad tradicional, creencias y valores de los humanistas y la Nueva Era:

> *El confesado propósito del comunismo es imponer su definición de Utopía en el mundo entero. A esto se le llama «dar libertad a las masas». El comunismo enseña a la juventud a culpar a la sociedad o a sus padres en lugar de a ellos mismos por las restricciones que experimentan. Libres de responsabilidad por las consecuencias de su propia conducta, la gente empieza a condenar las estructuras sociales que les rodean.*[3]

Paso número tres: Cuidarse de las influencias que se oponen a Dios

Revise todos los libros de texto, las hojas sueltas, la información extracurricular, las cartas que envía la escuela. Recuerde que el globalismo puede disfrazarse bajo otros títulos. Pregunte:

☐ ¿Muestran que la propaganda global de la Nueva Era se ha filtrado en las clases tradicionales, como inglés y ciencia?

Mi hijo David describió una película que vio en su clase de ciencia del octavo grado: «Un niño creció en una familia que creía en la lealtad a su país. Se enroló en el ejército, fue a la guerra, pero volvió a casa convertido en un cuadraplégico. Una amable enfermera quiso ayudarlo a terminar su miserable existencia, pero el doctor se negó a dejarlo morir». Vea cuáles son los malos en la historia.

---

3. Hank Paulson, *Beyond the Wall* [Detrás de la fachada], Regal Books, Ventura, California, 1982), pp. 76-77.

☐ ¿Provocan a los niños con sugerencias emocionales y extremas relacionadas con un desastre nuclear, muerte general por una guerra atómica, y el colapso del ecosistema?

¿Por qué este énfasis en la destrucción? Porque prepara a la nueva generación a aceptar la paz a cualquier costo.

Una hojita suelta para llevar a casa publicada por una escuela elemental de nuestro vecindario invitaba a padres y educadores a asistir a una conferencia sobre «El futuro de nuestros niños[...] Creando una nueva posibilidad». Detrás de esta «positiva» invitación se asoma una importante organización de la Nueva Era llamada «Iniciativa creativa» o «Más allá de la guerra». Iniciada en la década de los sesenta por un profesor de la Universidad de Stanford, basa su enseñanza en la obra de Teilhard de Chardin *The Phenomenon of Man* [El fenómeno del hombre], una persuasiva teoría de la evolución espiritual del hombre hacia una utópica «noosfera» de paz y unidad.

Cuando el miedo se intensifica, la promesa de una paz mundial puede ser tan atractiva como el plato de sopa por el cual Esaú vendió su primogenitura a Jacob. Todos odiamos la guerra y deseamos la paz, pero no al costo de nuestra libertad.

Jesús dijo: «Mas cuando oigáis de guerras y de rumores de guerras, no os turbéis, porque es necesario que suceda así; pero aún no es el fin. Porque se levantará nación contra nación[...] y habrá terremotos en muchos lugares, y habrá hambres y alborotos; principios de dolores son estos» (Marcos 13.7-8).

☐ ¿Sugieren que los ejercicios de meditación pueden usarse en el aula para alentar a los niños a visualizar una comunidad mundial de la Nueva Era? Recuerde que tales ejercicios para despertar la conciencia usualmente se encubren tras inocentes nombres o se incluyen en asuntos regulares del aula.

☐ ¿Recurren al sensacionalismo o a la exageración cuando se refieren a los problemas y peligros de una contaminación ambiental mundial? ¿Usan esta información para dirigir a los niños hacia una acción política planeada y prejuiciada?

☐ ¿Enfatizan en el suicidio? ¿Aprueban el suicidio como una solución aceptable ante la contaminación ambiental y la sobrepoblación?

☐ ¿Promueven alguna forma de eugenesia o eutanasia para resolver los problemas de sobrepoblación? ¿Participan sus hijos en juegos de supervivencia, que los fuerza a escoger quién debe vivir y quién morir en situaciones hipotéticas?

Paso número cuatro: Actúe sobre lo que Dios le ha mostrado

☐ Ore solo y en familia pidiendo sabiduría y capacidad para amar a los engañados, aunque aborreciendo el engaño.

☐ Si las enseñanzas engañosas le compelen a actuar, es mejor que se una a otros padres. Usted solo *puede* hacer una diferencia, pero su influencia crecerá con la compañía de otros.

La Asociación Nacional de Educadores Cristianos-Ciudadanos por la Excelencia en Educación (NACE-CEE) ayuda a los padres a trabajar unidos por valores piadosos y por una buena educación. Quizás usted quiera organizar un grupo en su propio distrito escolar. Si así fuera, escriba o llame pidiendo más información y folletos a: P.O. Box 3200, Costa Mesa, CA 92628, (714)546-5931.

☐ Cuando sea necesario, analice problemas y posibles soluciones con los profesores y los funcionarios de la escuela.

☐ Infórmese del Acuerdo sobre Educación Estados Unidos-Rusia para desarrollar juntos un plan global. En marzo de 1985 Robert Muller dijo: «Un plan cuyo corazón sea el mundo es posible que hoy parezca una utopía. Para finales del año 2000 será una directa, franca y honesta realidad diaria en todas las escuelas del mundo». ¡No deje que tal cosa ocurra! Escriba a su representante en el Congreso pidiéndole información sobre la Iniciativa de Cambio Estados Unidos-Rusia.

☐ Diga sus preocupaciones con los funcionarios del gobierno. Así como los programas globalistas apuntan hacia una acción política de nuestros hijos, nosotros también podemos hacerlo.

Escriba a sus senadores a: *Senate Office Building*, Washington, D.C. 20510.

Escriba a su congresista a: *Congressman at the House Office Building*, Washington, D.C. 20515.

☐ Analice y memorice esta promesa. ¡Cuente con ella! ¡Vívala! «Mas gracias sean dadas a Dios, que nos da la victoria por medio de nuestro Señor Jesucristo. Así que, hermanos míos amados, estad firmes y constantes, creciendo en la obra del Señor siempre, sabiendo que vuestro trabajo en el Señor no es en vano» (1 Corintios 15.57-58).

LECTURAS SUGERIDAS

Beyond the Wall [Detrás de la fachada], por Hank Paulson
When the World Will Be One [Cuando el mundo sea uno], por Tal Brooke
Winterflight [Vuelo de invierno], por Joseph Bayly
The Children's Story [Historia de niños], por James Clavell

SEGUNDA PARTE

LOS MEDIOS DE COMUNICACIÓN

CAPÍTULO SIETE

El cine y la persuasión por medio de la identificación

Las imágenes del cine son irresistibles. Atraen el ojo, cautivan la atención, y estimulan la mente. Por lo tanto, la «comunicación visual» —cine y televisión— es un poderoso recurso de comunicación (Spiritual Counterfeits Project).

En 1977, el pastor de la juventud llevó a nuestro hijo Todd a ver la película *Vaselina*. Usted quizás la recuerde: era una película escrita en la década de los setenta para exaltar la década de los cincuenta. Mi esposo y yo fuimos a verla a la noche siguiente. Quedamos perplejos al darnos cuenta de que un confiable líder de la iglesia había llevado a adolescentes a ver una película que modela la promiscuidad y aplaude a una heroína que se vuelve de la moralidad a la tolerancia.

«No se preocupen»: dijo el pastor de los jóvenes algunos días después. «Yo les enseñé la forma de evaluar la película. No puede causarles daño».

¿Que no puede? ¿Y qué me dice de imágenes que se almacenan en el cerebro? ¿Y de los recuerdos de un proceso que hace que la moralidad parezca intolerante, fría, lista a juzgar, y que hace que lo malo parezca gentil y bueno? ¿Y de la manipulación que ocurre cuando los más jovencitos se identifican con el héroe y participan emocionalmente de lo bueno y lo malo que realizan los personajes?

Imágenes sensuales, visiones místicas y sugerencias tentadoras no inmunizan a los espectadores en contra de lo equivocado.

En lugar de eso, desensibiliza la conciencia y estimula el deseo por más. Almacenado en el cerebro, el estímulo seductor continúa su influencia en la mente sea que lo reconozcamos o no.

Hablar de estas escenas después no puede borrar las imágenes almacenadas. Vistazos a actividades inmorales, identificación con personajes que se oponen a Dios, y recuerdos del aparente triunfo del mal... son ladrillos en la construcción del sistema de valores del niño.

Los cronistas e incluso los publicistas han percibido un creciente y aparentemente *insaciable apetito popular por el misterio y la auto-superación.* Sólo a comienzos de 1987, un crecimiento exponencial ha generado un ímpetu fresco, una aceleración en el ritmo de aceleración (Marilyn Ferguson en *La conspiración de Acuario*).

Cuando vi *Vaselina*, también sentí el tirón del sistema de valores del mundo. Primero aplaudí en silencio a aquella dulce e inocente muchacha que se mantenía firme en lo que creía. Pero la creciente tensión entre el deseo sexual insatisfecho del héroe y la moral de la heroína se alzaba para encender el deseo de una resolución. Al final, la heroína se vistió un negro, atractivo y bien ajustado traje, todo lo cual simbolizaba su decisión de desechar los valores que le «privaban» de aquel que amaba. Mientras me sentía disgustada con su estúpida decisión y su ejemplo destructivo, me encontré disfrutando el alivio de la audiencia por lo que parecía ser la única solución *confortable* al problema.

¿Cambiaron mis valores? No. Pero por un momento me vi tentada a sentir que los sabios estándares de Dios eran arcaicos, y que las formas del mundo eran más apropiadas para nuestros tiempos.

¿Ve usted el peligro? ¿Puede identificar conmigo la lucha? Entonces podrá captar el peligroso conflicto que enfrentan nuestros niños. La mayoría de los valores no han sido ni examinados ni confirmados, ni probados ni practicados como los suyos y los míos. Ellos aún no tienen el conocimiento necesario para discernir el error. No obstante tienen que enfrentar un increíble y furioso ataque de mensajes engañosos.

Las mentes tras las películas

La película épica *Guerra de las Galaxias* puso a los Estados Unidos en contacto con «la fuerza». Su estremecedora lucha cósmica por el poder hipnotizó a millones, inspirando sueños de conectarse con el mismo sistema de poder. Pocos se tomaron la molestia de examinar la fuente de esa «fuerza».

Las llamativas imágenes y visiones de películas contemporáneas bombardean a nuestros niños, haciéndoles dudar de Dios y buscar «mejores» caminos para encontrar el poder de la vida. Muchos jóvenes crean un mundo imaginario que parece más real y excitante que la verdadera realidad. Listos para creer que para el hombre nada es imposible, los espectadores se agarran de ilusorios sueños de conquistas espaciales, viajes por el tiempo, promiscuidad sin consecuencias y conexiones con seres superiores.

En *El imperio contraataca*, Yoda emplea el «lado bueno» de la fuerza para levantar del pantano la nave de Luke Skywalker, mostrando a su hechizada audiencia que un hombre puede llevar a cabo cualquiera cosa que quiera mediante la fe en el «dios de las fuerzas» (Daniel 11.38).

La mentalidad y visión global de la gente de hoy está formada más por fantasía y actitudes de películas y televisión, que por valores religiosos y tradición cultural. El surgimiento y desarrollo del llamado «Movimiento de la Nueva Era» es una evidencia de esta realidad (*Spiritual Counterfeits Project*, Berkeley, California).

Las fantasías y valores que enseñan las películas no responden a la verdad y a la realidad. Se aceptan no sobre la base de la razón, sino porque excitan las emociones, desafían la imaginación, halagan la naturaleza humana, y manipulan las mentes.

Las mentes tras los medios de comunicación se nos revelan en tres estudios llevados a cabo por el equipo de investigación de Lichter y Rothman. La columna «Medios noticiosos» representa el punto de vista de la élite que influencia los más importantes periódicos, revistas e informativos de la televisión. «Élite de la TV» representa a los que escriben, seleccionan y controlan la televisión como entretenimiento. «Películas» representa a los prósperos productores de Hollywood.[1]

En *The Home Invaders* [Los invasores del hogar], Donald Wildmon advierte:

> *Estos estudios confirman el hecho que la vasta mayoría de los líderes, tanto de los medios de comunicación nacionales como de entretenimiento, son absolutamente hostiles a la fe cristiana[...]*
>
> *Para la mente y mentalidad del humanista, toda influencia de la fe cristiana debe eliminarse de la sociedad. Para alcanzar este propósito, los humanistas se sienten obligados a usar cualquier método disponible, particularmente los medios de comunicación.*[2]

Actitudes en asuntos sociales	*Medios noticiosos*	*Élite de la TV*	*Películas*
Las mujeres tienen derecho a decidir sobre el aborto	90%	97%	96%
Muy de acuerdo en que la homosexualidad es mala	9	5	7
Muy de acuerdo en que los homosexuales no deberían enseñar en las escuelas públicas	3	6	4

1. Donald E. Wildmon, *The Home Invaders* [Los invasores del hogar], Victor Books, Wheaton, Illinois, 1987, p. 19.
2. *Ibid.*, p. 22.

Muy de acuerdo en que el adulterio es malo	15	16	13
El gobierno debería redistribuir los ingresos	—	69	59
El gobierno debería reducir la brecha en los impuestos	68	—	—
El gobierno debería garantizar trabajos	48	45	38
La estructura de la sociedad causa alienación	49	62	62
Las instituciones necesitan ser reorganizadas	28	43	51

Orientación religiosa	*Medios noticiosos*	*Élite de la TV*	*Películas*
Judíos	23%	59%	62%
Protestantes	20	25	—
Católicos	12	12	—
Sin religión	50	44	55
Rara vez o nunca asisten a los servicios	86	93	96

Actitud hacia la TV	*Medios noticiosos*	*Élite de la TV*	*Películas*
La TV debería promover las reformas sociales	—	66%	67%
Muy de acuerdo en que la TV es demasiado crítica de los valores tradicionales	—	1	1

Aplastar al cristianismo

Usted debe recordar cuando los más importantes estudios cinematográficos producían espectaculares películas bíblicas tales como *Ben Hur* y *Los Diez Mandamientos*. En aquel entonces, las películas honraban nuestra herencia cristiana y los ministros de Dios se representaban como afectuosos, sabios y fieles.

Pero eso ya pasó. Hoy, los ministros se representan como tontos o corruptos. Los seguidores de la religión aparecen como débiles, inmaduros y desconectados con el mundo real. Mientras la mayoría de los estadounidenses se dicen cristianos, se mofan cuando el mundo expone sus prejuicios de la Iglesia.

Hollywood no sólo degrada al cristianismo, sino que se aterra por su influencia. Por ejemplo, la película *El pródigo* de Billy Graham, se calificó en la categoría «No apta para menores». Esta categoría agrupa a las películas que tienen suficiente sexo, violencia y blasfemias para justificar una advertencia a los padres. Pero estos tres factores estaban ausentes en *El pródigo*. La verdadera razón para la advertencia era proteger a los niños en contra de una peligrosa religión: «Niños preadolescentes no deberían ser expuestos al cristianismo sin el consentimiento de sus padres».[3]

Los prejuicios anticristianos, tan visibles en películas y televisión, muestran un increíble doble standard. Aparentemente, otras religiones son seguras y aceptables, pero sólo al cristianismo se le juzga como peligroso y debe eliminarse. Sin embargo cuando preocupados por la inmoralidad y la violencia los cristianos alzan sus voces, los medios de comunicación, enfurecidos, gritan: «¡Censura!»

El furor en torno a *La última tentación de Cristo* no deja duda acerca de la hostilidad de Hollywood hacia el cristianismo. Al escoger una historia de Nikos Kazantzakis, popularizó la filosofía del novelista griego: una mezcla contemporánea de budismo, Lenin, Cristo, Spinoza, Darwin y Nietzche, y dio origen a un Jesús mitológico quien, como cualquier otro dios hecho por manos de hombres, se acomoda a este tiempo presente. Como los dioses de las antiguas Grecia y Roma, este Jesús representa la debilidad de la naturaleza humana en lugar del triunfo de la obediencia espiritual.

---

3. *Ibid.*, p. 23.

Para Kazantzakis, Dios fue la suma total de la conciencia en el universo, expandiéndose a través de la evolución humana. En 1927, él imaginó una unión de individuos superiores, evolucionados, con poder paranormal, que se juntaban en un esfuerzo superhumano para crear para ellos mismos un nuevo mundo.[4]

El 12 de octubre de 1988, en un editorial para el periódico «Mountain View High School», un estudiante escribió: «La controversial película *La última tentación de Cristo* ha sido condenada y boicoteada por mucha gente religiosa. Su ignorancia religiosa los ha hecho desdeñar una película que probablemente no han visto. Si mucha de estas personas desorientadas la hubieran visto, probablemente la habrían aprobado. La cinta es potente, apasionante, hermosa, y en un nivel bien humano...»

Es más fácil identificarse con un Jesús confuso, falible y cuestionable, que aceptar el desafío del Jesús bíblico a confiar en Dios para alcanzar la victoria sobre el pecado. La disciplina, el autonegarse y la cruz no tienen lugar en una sociedad donde lo «humano» ha llegado a ser una virtud, donde el Yo reina como Dios, y donde la gente evoluciona en «las más altas creaciones del mundo».

Furioso de que los cristianos resistieran a los fabricantes de mitos de Hollywood, Jack Valenti, presidente de la Asociación de Productores Cinematográficos, declaró, «[El] único asunto es si... autodenominados grupos pueden impedir que una película se exhiba al público o que un libro se publique...»[5] En respuesta, el columnista Patrick Buchanan hizo una pregunta digna de nuestra consideración:

---

4. Marilyn Ferguson, *The Aquarian Conspiracy* [La conspiración de Acuario], J.P. Tarcher, Inc., Los Ángeles, 1980, p. 49.
5. Patrick Buchanan, *Hollywood's War on Christianity* [La guerra de Hollywood contra el cristianismo], San Jose Mercury News, 28 de julio de 1988.

¿Podría el señor Valenti defender una película titulada La vida secreta de Martin Luther King, Jr., que describa al asesinado líder de los derechos civiles como un implacable mujeriego, un punto de vista con más fundamento en verdad, y sin duda menos ofensivo que mostrar a Jesús de Nazaret como un lujurioso despreciable?

Por supuesto que no.

Vivimos en una época donde la ridiculización de los negros está prohibida, donde el antisemitismo se castiga con la muerte política, pero donde vapulear a los cristianos es un popular deporte de puertas adentro; y películas que se mofan de Jesucristo se consideran de vanguardia[...]

«Se supone que la "sensibilidad" ha llegado a ser la marca del hombre decente en la moderna vida estadounidense. Así se nos dijo. Un hombre "sensible" no repite chistes étnicos; no profiere insultos contra ninguna minoría[...]

Los cristianos, sin embargo, mayoría fuera de moda en los Estados Unidos, pueden ridiculizarse, sus predicadores pueden parodiarse en libros y películas; su fe puede pintarse como una loca superstición. Y la sociedad secular, invocando la Primera Enmienda, correrá en defensa de los difamadores, no de los difamados.

La batalla sobre «La última tentación» es una escaramuza más en el esfuerzo centenario sobre cuyos valores, cuyas creencias serán exaltadas en la cultura estadounidense, y que pueden ser ridiculizarse y denigrarse.[6]

Lo malo es bueno

Al proscribir la verdad y los valores cristianos de la pantalla, Satanás ha despejado el camino para los mensajes engañosos. Sin los estándares de Dios, puede ocurrir cualquier cosa. El mundo observa cómo Hollywood presenta lo bueno como malo, la moralidad como un aburrimiento, y lo malo como delicioso. Las tres principales estocadas que vimos en educación: el engaño de la religión, el engaño de los valores, y el engaño de

---

6. *Ibid.*

un sistema mundial, iluminan las pantallas cinematográficas a través de nuestra nación.

☐ Primero, un nuevo sistema religioso está reemplazando al cristianismo: fundamentalmente es una mezcla de humanismo, hedonismo, hinduismo y ocultismo. No importa si es el lado hermoso o feo del mal, da fe de la respetabilidad que encubre al movimiento de la Nueva Era.

En la mitológica puesta en escena de *Willow*, la cual es urdida con alusiones bíblicas, maravillas ocultas y proezas machistas, George Lucas participan a un nuevo grupo de muchachos un mensaje familiar: la fuerza está contigo. Vestidos ahora con sables iluminados con luz espacial en lugar de los antiguos trajes de hechicero, la fuerza cósmica brilla a través de feos gnomos, hermosos duendes, brujas tanto buenas como malas, y un valiente enano llamado Willow. Nótese la estocada mesiánica: «Ha nacido una niña, la cual los *profetas* declaran que será la salvadora de esta tierra, y la Reina mala Bavmorda ha prometido destruir a la niña. Ella es descubierta, como Moisés, por Willow Ufgood, un pequeño Newlyn y aspirante a hechicero, en los juncos de la ribera de un río».[7]

Esta mescolanza espiritual logra dos propósitos de Satanás. Al identificarse con símbolos ocultos y mitos culturales, debilita el mensaje cristiano. Y la misma asociación envuelve el engaño en un efluvio de tradicional credibilidad.

☐ Segundo, no se pueden perder los valores del engaño. Violencia, inmoralidad, blasfemias y desorden (mentira, burlas, irrespeto hacia la autoridad) son principios comunes, aun en las películas para niños. Por ejemplo: *¿Quién engañó a Roger Rabit?*, que pudo haber sido una película para deleite de toda la familia, se echó a perder con humor sexista, violencia sádica y comentarios vulgares. Y *Ferris Bueller's Day Off* [El día libre de Forris Bueller] muestra a nuestro héroe mintiéndole

---

7. David Ansen, «The Raider of Lost Art» [El ladrón de arte], *Newsweek* 23 de mayo de 1988, p. 70.

a sus padres y engañando a sus maestros tan encantadoramente, que uno quiere pasar por alto lo malo y admirar su talento.

□ Tercero, la visión globalista de un mundo transformado toma diversas formas. El hombre maneja fuerzas síquicas, corre a través del tiempo, rompe las fronteras de la muerte, y se conecta con extraterrestres evolucionados. Lo imposible se hace realidad; porque nada es imposible para la imaginación. *Field of Dreams* [La tierra de los sueños], *Viaje a las estrellas* y *Casafantasmas*, todas muestran poderes trascendentes que avergüenzan a la vida real.

Nótese cómo la historia mitológica, *Dark Crystal* [Cristal oscuro], ilustra la unidad mundial basada en el hinduismo: La película comienza con una mirada a dos especies que se mueren: el amable Mystics y el diabólico Skeksis. Mucho tiempo atrás, «en la era de la unidad» cuando el radiante Crystal transmitía armonía a todos, los dos estaban unidos. Pero el daño a Crystal dividió lo bueno y lo malo en dos fuerzas oponentes. El daño puede revertirse únicamente si, en el momento en que los tres soles se alinean, el «chip» perdido de cristal se reemplaza. No hay tiempo que perder, porque los tres soles están a punto de alinearse.

Como en el juego de computadora del mismo nombre, Jen, el sanador elegido del cristal, supera todos los obstáculos con la ayuda de la astrología, los encantamientos místicos, la telepatía, la clarividencia y otros trucos síquicos. Finalmente, justo antes de que los tres soles se alineen, pone el «chip» en su lugar. El cristal brilla, fluye la energía, lo bueno y lo malo emergen como una unidad, y la armonía vuelve a la tierra. El mensaje de despedida de los seres perfeccionados: «Todos somos parte de todos. Ahora les dejamos el «Cristal de la verdad». Hagan su mundo en su luz».

Este mensaje panteísta/nueva era se hace más perturbador cuando recordamos que Jim Henson, quien escribió, dirigió y produjo esta película, es también la mente detrás de los «Muppets», las populares estrellas de Plaza Sésamo, tanto como de tres populares películas de videos.

El cuadro en este capítulo revela los propósitos escondidos detrás de mensajes inmorales y visiones ocultas: la reforma social. Hollywood, como el sistema educacional y la élite de los medios de comunicación, ha captado la visión de Satanás: Absolver a la gente que se vuelve contra Dios, y justificar un seductor estilo de vida de placer sensual, muerte espiritual, y disposición para una nueva clase de mundo permisivo.

Amar el mal

Un anuncio para la película *The Unholy* [El perverso] dice bien: «Nunca antes lo malo había sido tan irresistible... ni tan mortal».

Nosotros podríamos añadir, «ni tan común». Al final de la década de los años ochenta, la maldad: el feo y oscuro rostro de lo oculto que se esconde detrás de una tentadora y hermosa máscara de la Nueva Era, muestra ahora su feo rostro dondequiera. Los niños están aprendiendo a amar sus asustadizos y grotescos rostros.

Un estudio hecho por la Coalición Internacional en Contra de los Juegos Violentos encontró que dos terceras partes de las películas estadounidenses se clasificaban como violentas, y una mitad de ellas contenían temas de horror, satanismo u ocultismo. El motivo más común para matanzas, horror y violencia fue la venganza. Los espectadores aprendieron que la destrucción y el asesinato furiosos están bien si se hace para vengar una despreciable ofensa.[8]

Nótese cómo las películas de horror han cambiado con los tiempos. En *Halloween 4: The Return of Michael Myers* [Halloween 4: El regreso de Michael Myers] evoluciona más allá de un simple homicida maníaco. Reflejando la fascinación de hoy con potencial humano y poder sobrenatural, ahora aparece con fuerza sobrenatural, mientras sus compañeros

---

8. «What's News», *Media Update*, Ministerios Menconi, noviembre/diciembre de 1988, p. 10.

actores exhiben cualidades de caricatura tales como caerse del techo sin sufrir heridas.

¿Vio usted *Gremlins* hace algunos años? Anunciada como una película para niños, llegó a ser una pesadilla. Y aun así, a los niños les gustaba. Típica de la Nueva Era, la película sensibilizaba los corazones gracias al lado brillante y feliz del mal: un pequeño, inteligente y amoroso *sádico* llamado Gismo. Pero la felicidad se transformaba en horror cuando la descendencia mala de Gismo llegó a ser un ejército de duendecillos demoníacos y repugnantes como lagartos, que destruían todo a su paso.

Una escena donde los perversos duendecillos empujan una puerta, sus callosas garras y sus ojos rojos y crueles mirando desde la hendidura hasta que Billy, el héroe, cerró violentamente la puerta, me hizo recordar algo de mi propia vida.

Cuando tenía tres años de cristiana, sabía poco acerca de «hacer caer» las plazas fuertes demoníacas (2 Corintios 10.3-5) y liberarme de la opresión. Pero yo había examinado los triunfos de Jesús y sus discípulos sobre las fuerzas demoníacas. Deseaba conocer el secreto de la victoria tanto en mi propia vida como en las más intensas batallas que veía en otros.

Un día, un dirigente de la iglesia me pidió que aconsejara a una joven madre, víctima de la depresión. Confiando en que la sabiduría de Dios sería suficiente en mi debilidad, acepté. Pocos días después, Sue y yo pasamos varias horas juntas buscando y aplicando las respuestas de Dios para su culpabilidad, rabia y confusión. Cuando finalmente se fue a su casa, iba radiante.

Pero cuando tarde esa noche me llamó, percibí terror en su voz. Su batalla espiritual excedía todo lo que yo me había imaginado. Dios puso una pregunta en mi mente, la que de inmediato le hice: «Sue, ¿has estado involucrada en el ocultismo?»

Su respuesta hizo brotar ronchas en mis brazos. «Sí», sollozó, «durante tres años adoré a Satanás... El nombre que me dieron a mí es el nombre que yo di a mi hija...»

Me oí diciéndole que volviera la semana siguiente. Necesitábamos orar juntas por liberación de las ataduras demoníacas de opresión. No sabía cómo, pero confiaba en que Dios me lo haría saber. Sabía que Él ha prometido poder conquistador cuando se combate el mal en su nombre.

Al día siguiente, milagrosamente Dios me preparó para la batalla a través de la oportuna llamada telefónica de un extraño. Y tres días después, precisamente el día que Él había elegido, Sue quedó liberada. Pero la batalla no había concluido completamente. A través de Lucas 11.24, Dios me recordó estar en guardia para que los «malos espíritus» no volvieran.

Pronto, Sue empezó a memorizar, a meditar y a mantener su mente llena de las Escrituras, porque muy pronto sería probada.

Y así fue. Ocho días después de que Dios la había liberado, experimentó un ataque violento de un terror increíble. Esa noche, Sue y yo batallamos en contra de las fuerzas demoníacas que reclamaban un territorio que ya no les pertenecía. Las imágenes que me describía eran idénticas a los enanillos demoníacos que empujaban la puerta en la película.

«Horrible, demonios asquerosos están presionando en mi mente», gritaba. «Estoy tratando de cerrar la puerta, pero no puedo. Sus horribles ojos están clavados en mí... No puedo quitar de mí esos ojos... ¡Ayúdeme!»

Después de una lucha que duró veinticuatro horas, Sue pudo cerrar la puerta por fe, y los demonios se fueron. Durante los siguientes años, a medida que se alimentaba diariamente con la dieta de la verdad bíblica, Dios fue completando su sanidad. Se unió a un grupo de estudio bíblico en su vecindario y posteriormente llegó a ser una de los dirigentes. ¡Dios es fiel! ¡Él puede dar libertad a todo aquel que se vuelve a Él en fe y obediencia!

Necesitamos preguntarnos y preguntar a nuestros hijos: ¿Queremos realmente entretenernos con aquellas criaturas horribles y demoníacas que predominan en las películas, la televisión, los juguetes y libros cómicos? ¿Pueden los hijos de

Dios deleitarse en los símbolos de las tinieblas, y seguir disfrutando de la presencia y protección de Dios? Creo que no. Escuche su advertencia en Salmo 97.10: «Los que amáis a Jehová, aborreced el mal; Él guarda las almas de sus santos. De mano de los impíos los libra». Y recuerde, Dios tiene algo mucho mejor en depósito para aquellos que dicen no al mal y le siguen a Él.

CAPÍTULO OCHO

¿Qué pueden hacer los padres acerca de la persuasión por medio de la identificación?

Mirad que nadie os engañe por medio de filosofías y huecas sutilezas, según las tradiciones de los hombres, conforme a los rudimentos del mundo, y no según Cristo (Colosenses 2.8).

—Mami, ¿por qué no puedo ir a ver *Beetlejuice**?

—Ya hablamos de eso ayer.

—Sí, pero se me olvidó lo que dijiste.

Sandy se sentía un poco impaciente. No había querido decirle a Tim que algunas de las películas que «todos» sus amiguitos veían, estaban fuera de sus límites. Pero ella no podía pasar por alto ciertos estándares. El día anterior, durante todo el camino de regreso a casa, habían discutido este asunto, y se sentía cansada como para retomar el tema hoy.

—Mami, ¿dónde dice la Biblia que yo no puedo ir a ver *Beetlejuice*?

Era evidente que Tim no estaba dispuesto a aceptar un no por respuesta.

Sandy le echó una mirada mientras se alejaba de la acera. Los ojos de Tim expresaban sinceridad al preguntar, no desacuerdo motivado por la rebeldía. Sandy sabía que su hijo quería seguir los caminos de Dios, pero pensó que a veces le parecerían demasiado estrechos. Él no quería ser diferente a los demás.

«Ayúdame, Dios», oró en silencio, después de lo cual aspiró profundo. Y empezó.

---

* Jugo de escarabajos

—Tim, la Biblia no menciona en ninguna parte a *Beetlejuice* como tampoco menciona la música rock o el *crack*. Pero Dios es bien claro en indicarnos lo que le gusta y lo que no le gusta. Si tú decides hacer lo que a Él no le gusta, va a ser cada vez más difícil caminar con Dios. Perderías el sentido de qué es correcto, y racionalizarías lo malo. Y de pronto estarías pensando como aquellos que no conocen a Dios, basado en lo que *quieres* en lugar de en lo que Dios quiere.

—¿Pero cómo sabes tú que Dios no quiere *Beetlejuice*?

—Vimos los anuncios, ¿recuerdas? He hablado con algunas personas que la vieron. Y tú también lo has hecho.

Lo volvió a mirar, y vio la reveladora mirada de una aceptación a regañadientes.

—¿Recuerdas los versículos que vimos ayer y que muestran lo que Dios piensa acerca del espiritismo, los hechizos y toda aquella clase de cosas?

—Pero todos van a ver cosas como esa...

—Tú eres diferente. Perteneces a Dios. Por lo tanto, no puedes hacer lo que hacen los demás.

—Nada les pasa a los niños que van a ver esas películas.

—Sí, les pasa. Pero es posible que lo que les pasa no se vea al momento. La gente no puede ver toda esa basura sin empezar a cambiar su actitud hacia la vida y hacia los demás. Después de un tiempo, no pueden decir cuál es la diferencia entre lo correcto y lo incorrecto.

—Yo sé cuál es la diferencia. ¿No puedes confiar en mí, mamá?

La voz de Tim se oía tan confiada que Sandy casi se echó a reír.

—Me preguntaste eso mismo la semana pasada, cuando querías alquilar una película de video para llevar a casa. ¿Recuerdas la película que querías alquilar? En algunas áreas de tu vida, tú has demostrado que no tienes todavía la sabiduría que se requiere para hacer una sabia decisión. Pero yo confío en ti cuando sales en tu bicicleta y regresas a casa.

Ahora le correspondió a Tim guardar silencio.

—Tim. Cuando lleguemos a casa, te voy a mostrar algunos versículos de la Biblia que te ayudarán a entender los pensamientos de Dios y te enseñarán a ser sabio.

—El pensamiento de Dios es muy diferente a la forma en que la gente piensa, ¿no es así? —preguntó, pensativo.

—Hoy es así —le respondió Sandy—. Ella tembló cuando la conciencia del ensanchamiento de la brecha entre los caminos de Dios y el mundo la golpeó como un viento helado. «Precioso Señor», oró en silencio. «Ayuda a Tim a escoger tus caminos, aun cuando eso signifique rechazo y vergüenza. Enséñale tu sabiduría, de modo que él quiera escoger tu camino».

Sandy sentía al mismo tiempo el peligro del poder persuasivo de una película, y la necesidad de enseñarle a su hijo discernimiento. También experimentó la frustración que nosotros sentimos cuando enfrentamos a un niño al que queremos complacer tanto como proteger. ¿Cómo cumpliremos nuestra responsabilidad en entrenar a un niño en los caminos de Dios? ¿Están nuestras preocupaciones fundadas en la realidad? Para encontrar las respuestas, volvamos al problema.

La industria cinematográfica tiene un poder asombroso. Una película fuerza al espectador a hacer continuas decisiones, embota su capacidad de escoger, debilita su resistencia mental a sus embestidas, y llega a ser un arma persuasiva para los cambios sociales.

Marlin Maddoux, un hombre de radio cristiano y autor del libro *America Betrayed* [Traición a Estados Unidos], habla de su propia experiencia en los medios de comunicación. Conoce los planes de los mensajeros de los medios tanto como la vulnerabilidad de millones de televidentes.

> *Fuimos atrapados en ella, aun sin darnos cuenta de nuestro ambiente, amando y odiando los personajes, haciendo juicios irracionales correctos o incorrectos, hipnotizados por los genios de la manipulación[...]*
>
> *Ahora, usted está en su punto más alto de vulnerabilidad, y los autores y directores pueden enviarle el «mensaje» que quieren que*

usted reciba[...] Al sentarse allí, en una actitud pasiva, acrítica, observando y escuchando, usted ha abierto la puerta a casi un total acceso a su mente subconsciente. La gente de los medios lo sabe, y lo explotan.[1]

¿Cómo podemos ayudar a nuestros hijos a escoger películas apropiadas a su edad y fe? ¿Cómo podemos prepararlos para enfrentar la inesperada distorsión que seguramente van a encontrar, incluso en una «buena» película? ¿Cómo podemos animarlos a seguir los caminos de Dios, cuando eso significa decir «no»?

Paso número uno: Busque la película correcta

¿Cómo podemos encontrar películas «confiables» para nuestros hijos? ¿Habrá alguna que lo sea? Revisar personalmente cada una de las opciones puede ser un torturante consumo de tiempo. Y el sistema de calificación que tenemos en la actualidad no corresponde al cambiante contenido de las películas. Iniciado en 1968, se limita a seguir estándares que siguen deslizándose más y más lejos de los estándares de Dios.

Veinte años atrás, *Midnight Caller* [Llamado de media noche] fue calificada X. ¿Lo sería igualmente hoy? No, no lo creo ni por un momento (Jack Valenti, Asociación de Productores Cinematográficos de los Estados Unidos).

Este poco práctico sistema de calificación no nos advierte de que detrás de un título aparentemente inocente y sano, en la columna (bajo supervisión de los padres) se esconda un torrente de expresiones y frases vulgares. El sistema en uso

1. Marlin Maddoux, *America Betrayed* [Traición a Estados Unidos], Huntington House, Inc., Lafayette, Louisiana, 1984, p. 92.

no revela que al enviar a nuestro adolescente a ver una película PG-13, lo estamos exponiendo a escenas eróticas que sólo un par de años atrás eran calificadas con una R (para una audiencia restringida). Y no hay ninguna advertencia acerca de los ataques al cristianismo, de la promoción de religiones engañosas, del sadismo, o de escenas grotescas tan populares hoy.

La industria del cine, que parece atraer a aficionados más y más jóvenes con la promesa del fruto prohibido, rechaza cualquier modificación de lo que podría llamarse la «alucinación de las etiquetas». Aparentemente tiene miedo de que si los padres son advertidos anticipadamente de alguna de la basura a la que sus hijos estarán expuestos, la castiguen y mantengan en casa (Cal Thomas, columnista sindicalizado y animador del programa de TV *Crossfire* [Fuego cruzado]).

La respuesta de Dios para nuestra familia vino en la forma de un boletín bimestral llamado *Movieguide* [Guía de películas]. Publicado por Ted Baehr, califica y evalúa películas activas según su calidad y contenido y, lo que es más importante, desde una perspectiva bíblica. *Movieguide* [Guía de películas], se puede ordenar escribiendo a: Good News Communications, Inc., P.O. Box 9952, Atlanta, GA 30319.

Paso número dos: Estar preparados

☐ Oren juntos pidiendo sabiduría y dirección.

☐ Pónganse de acuerdo con anticipación de que abandonarán la sala si la película es peor de lo que se esperaba.

☐ Analicen el tema. Investiguen los sucesos o principios bíblicos que se relacionan con la visión de la película. Por ejemplo, si tiene que ver con un tipo de utopía futurista como la de la Nueva Era, presente el punto de vista bíblico sobre el futuro.

☐ Prepárese anticipadamente para ver los mensajes engañosos desde una perspectiva cristiana. Antes de ver *Field of Dreams* [La tierra de los sueños] con un amigo, nuestro hijo de catorce años leyó las críticas en el periódico y en *Movieguide*. Él estaba fortalecido con las siguientes preguntas, las que analizamos después de la película, mientras nos servíamos helados con los muchachos:

–¿En qué forma la película hace que la gente se «sienta bien»?

–¿Dónde se parecía al cristianismo, pero contradecía la Biblia?

–¿Qué dice o sugiere acerca de Dios, sus valores o el cielo?

–¿Vio algo sobrenatural? Si lo vio, ¿cuál sería su fuente: Dios o Satanás?

☐ Póngase toda la armadura de Dios. Si vamos a disfrutar una película sin la armadura: sin escoger contar con la verdad como filtro, la vida de Jesús como nuestra justicia, y la fe en nuestro Pastor como nuestro escudo, vamos a empezar a absorber algunos de los valores engañosos de la película. Estaremos permitiendo al mundo que nos meta dentro de su molde.

Pero recuerde, si vamos a cualquier lugar al que Dios no quiere que vayamos, su armadura no nos va a proteger de las consecuencias. No podemos ponernos la «coraza de justicia [de Dios]», lo que supone nuestra sumisión a su voluntad, y luego hacer lo que nosotros queremos y no lo que Él quiere.

Es fundamental entender lo que Dios promete y no promete hacer. Si asumo que la protección de Dios se extiende más allá de su promesa, me decepcionaré y me sentiré frustrado. La verdad es que su armadura puede o no puede protegernos en contra de las tormentas del mundo (Mateo 5.45). Pero siempre nos protegerá de los asaltos de Satanás, cuyas flechas usan las circunstancias del mundo para golpear y destruir mucho más que cualquiera tormenta.

En otras palabras, puede ser que Dios no me saque de mis circunstancias, pero Él me dará la victoria en medio de la prueba. Me protegerá en contra del desaliento, la desesperación, la falta de esperanza, la falta de valor, todas las emociones destructivas y patrones de pensamiento que se alzan en nuestro interior para perturbar mi paz, negar mis recursos en Cristo, y apagar mi gozo en Él.

Aprendí la lección en una forma muy dura. Durante mis tres primeros años como cristiana, trabajé con el servicio de capellanía en un hospital local de Veteranos. Tanto los pacientes como los capellanes me animaron a asistir a «una nueva y transformadora» sesión para terapia de grupo, que los «había liberado» para relacionarse con otros con más amor y transparencia. Curiosa y abierta a experimentar, fui.

La sesión no me impresionó. No oí nada nuevo, solo las mismas blasfemias a las que había estado expuesta los demás días. Pero algo cambió *en* mí. De pronto, Dios me pareció tan distante y me pareció que mi mente estaba desconectada de Él.

Más tarde me di cuenta por qué. Mi Señor no me había mandado allí. Fui para satisfacer mi propia curiosidad, para complacer a otros, y para obtener conocimiento que se oponía a su verdad. Porque no protegí mi mente, las palabrotas que oí hallaron entrada y ganaron terreno. Durante los siguientes tres meses, palabras indecentes habrían de estallar en mis pensamientos. Día a día clamé a Dios que me limpiara y renovara mi mente. Cuando el ataque terminó, había aprendido mi lección. Cuando voy adonde me manda mi Pastor, nada malo puede interponerse entre Él y yo. Pero si decido hacer lo que a mí me parece, no importa que me ponga la armadura, sufriré las consecuencias.

Paso número tres: Otros pueden ir, pero usted no

Como padre, a veces usted tiene que decir no. ¡Es duro! Todos los amigos de su hijo comentarán el espectáculo que sólo su hijo se perdió. Usted sufre con él y quisiera protegerlo del dolor, pero no puede hacerlo a menos que comprometa su fe. Sufrir por el nombre de Cristo es una parte inevitable de una vida disciplinada. Espere ver que el dolor produzca sabiduría y madurez en lugar de amargura y rebeldía. ¿Cómo puede alentarlo?

Puede ayudar ver un buen video, ir a ver un juego de fútbol u otra distracción. Pero sólo la Palabra de Dios puede cambiar su actitud, traerle sabiduría, y producir madurez.

Los siguientes versículos bíblicos profundizarán su comprensión de lo que significa ser cristiano. Escoja un pasaje cada mañana, y luego, durante el curso del día, aparte un tiempo para analizarlo.

A medida que vaya leyendo los pasajes bíblicos, pregúntese: ¿Qué quiere decir? ¿Qué me está diciendo Dios *a mí*? ¿Cómo puedo aplicar esto a mi vida?

☐ Vea lo que Dios quiere hacer.

–Santiago 1.2-4

–Romanos 5.3-5

–1 Pedro 5.6-10

☐ Escuche lo que Dios quiere que usted evite.

–Romanos 12.9

–Efesios 4.17-20

–Deuteronomio 18.10-13

☐ Sepa que Dios tiene maravillosos planes para los que le siguen.

–Mateo 5.11-12, 13-16

–Romanos 8.16-18

–2 Corintios 4.16-18

El objeto de nuestro enfoque cambia nuestras vidas. Cuando lo enfocamos en la inmoralidad y la violencia, estos cuadros mentales moldean nuestro pensamiento y conducta. Pero cuando el enfoque está en Dios y su verdad, Él nos llena y nos hace más parecidos a Él. La transformación que el mundo ofrece no se puede comparar con la que Dios promete a sus hijos.

Por tanto, nosotros todos, mirando a cara descubierta como en un espejo la gloria del Señor, somos transformados de gloria en gloria en la misma imagen, como por el Espíritu del Señor (2 Co 3.18).

LECTURAS SUGERIDAS

The Home Invaders [Los invasores del hogar], por Donald E. Wildmon
America Betrayed [Traición a Estados Unidos], por Marlin Maddoux

CAPÍTULO NUEVE

La televisión y la manipulación de la mente

La televisión es primero y antes que todo, un medio educacional. Es un instrumento de persuasión, adoctrinamiento, seducción, propaganda y manipulación de la mente, todo en una forma de diversión (Marlin Maddoux).

«¡Yo soy Dios! ¡Yo soy Dios! ¡YO SOY DIOS!»

La sorprendente afirmación que Shirley MacLaine había hecho a las ondas del océano tuvieron eco de pronto a través de los hogares de los Estados Unidos. La encantadora estrella de la Nueva Era estaba enseñando autorrealización a cincuenta millones de telespectadores. Su testimonio, dado en 1987, pareció tan siniestro como la mentira original de Satanás: sólo trascienda los límites de los acondicionamientos religiosos pasados, y únase al viaje hacia la divinidad.

Habiendo afirmado su divinidad personal, MacLaine busca «las verdades superiores» de los avatares hindúes y de los espíritus guías canalizados. Seres etéreos como «John», «Ramta» y «Lázaris» parecen deleitarse al enseñarle sus filosofías. Pronto ella está lista para su próximo paso: un viaje a los Andes peruanos.

Cerca de la antigua Machu Picchu, donde al parecer hay un clima favorable para los OVNI y las energías síquicas, MacLaine da una encumbrada demostración de un viaje astral. Después de reunirse con su cuerpo, recibe una guía de segunda mano de «Mayan», una hermosa extraterrestre. No sólo la sabiduría y el poder síquico de «Mayan» superan cualquier manifestación terrenal, sino esta extraña se preocupa genuinamente por la condición del hombre y quiere ayudarlo. Entonces comisiona a Shirley para que sea la maestra de la Nueva Era para este mundo ignorante, asignación aceptada entusiastamente.

Una condición para que el ocultismo tenga amplia aceptación es que presente primero una imagen de neutralidad e inocencia. *Out on a Limb* establece las bases para ese cambio de imagen de la noche a la mañana. Nadie parecía notar los profundos valores culturales y espirituales que habían sido mañosamente invertidos en el proceso. (*Spiritual Counterfeits Project*)

El endoso de la MacLaine al misticismo hizo estallar las ventas de todo tipo de literatura sobre ocultismo y metafísica, especialmente sus propios libros. Para miles de sus más serios conversos, canalizar y conectarse con «yoes superiores» llegó a ser un entretenimiento familiar. Pero pocos, aparte de las comunidades cristianas, reconocieron su religión por lo que en realidad era: antiguo ocultismo usando una máscara encantadoramente bella.

Activada por el tipo de exposición que sólo la televisión pudo darle, el movimiento de la Nueva Era ha estallado en la corriente principal, encendido la imaginación de los estadounidenses, y acelerado la transformación social empezada por los reformadores humanistas.

Escritores y productores de la televisión tomaron nota de sus seductores temas: Sea Dios, tome control, no permita que valores religiosos obsoletos impidan su autodescubrimiento, siga sus impulsos, maneje la Fuerza y cree un mundo de paz y amor. Y así, subrepticia o abiertamente, pronto todas estas facetas de las creencias de la Nueva Era han invadido los programas para la familia y para los niños.

Para entender cómo ocurrió esto, miremos de nuevo el estudio de Lichter y Rothman en el capítulo 7. Sugiere que quienes determinan ahora qué verán los estadounidenses por televisión son los hombres y las mujeres que han rechazado a Dios y sus valores: Dos de cada tres ejecutivos de los medios de comunicación «creen que el entretenimiento de la TV será una gran fuerza para las reformas sociales. Esto es quizás el descubrimiento más impactante en nuestro estudio. Según los creadores de la televisión, ellos no están allí sólo por el dinero. También buscan llevar a su audiencia hacia su propia visión de una buena sociedad».[1]

Aun las noticias se presentan a través de los filtros del prejuicio de los medios. ¿Cómo podemos creer lo que vemos, cuando actores pueden usarse para «mostrar» una acción que nunca fue filmada? ¿O cuando las radioemisoras enfatizan o cortan partes de las noticias para satisfacer sus puntos de vista?

Durante las convenciones políticas de 1988, nuestra familia esperaba frente al aparato de televisión para escuchar las posiciones de los líderes de los partidos. Se veía prometedor. Las cadenas habían programado varias horas de cobertura en vivo cada día. Pero después de la primera noche nos sentimos traicionados. En lugar de informes de primera mano, vimos escenas que parecían una burla. En efecto, interminables discusiones de *observaciones personales, interpretación y opiniones bloquearon nuestra visión de los candidatos.*

¿Qué valores guían a este movimiento? Para las cadenas, estrujadas por la competencia del cable, las estaciones independientes y los videos, cualquier cosa que venda. Durante un debate con Donald Wildmon, Gene Mater, uno de los vicepresidentes de CBS, planteó así su posición: «El señor Wildmon es un ministro y tiene establecidos sus valores. Yo soy un empresario de televisión y no los tengo».[2]

---

1. Donald E. Wildmon, *The Home Invaders* [Los invasores del hogar], Victor Books, Wheaton, Illinois, 1987, p. 93.
2. *Ibid.*

Enseñanzas que transforman

Nadie discute el poder de la televisión para enseñar y dar forma a valores piadosos y recursos útiles a generaciones de niños. La experiencia ha probado su efectividad. Por ejemplo, en uno de los episodios de *Happy Days*, Fonzie consigue una tarjeta de biblioteca. Poco después, las bibliotecas a lo ancho del país informaron de un notable aumento del número de niños solicitando tarjetas.

> [Sólo] el aparato de TV[...] dispone de un devastador potencial para lavar el cerebro, programar a las masas y destruir el individualismo, con obviamente, el apoyo de todos los demás medios de comunicación. Esta amenaza es tan desastrosa para el futuro de la humanidad, como es la contaminación ambiental, la sobrepoblación, o una guerra atómica o biológica.[3]

La televisión maneja el mismo potencial para modelar indecencia, promiscuidad, tolerancia y falso poder. Hemos visto tanto lo bueno como lo malo, pero en la tensión de la guerra entre dos fuerzas, la última está ganando abrumadoramente.

«Era común creer que los niños no entenderían mucho del mundo de los adultos hasta que no tuvieran edad suficiente para leer acerca de él en los libros», observa el doctor William Dietz, presidente del Subcomité sobre Niños y Televisión de la Academia de Pediatras de los Estados Unidos. «Con el advenimiento de la televisión, los niños están expuestos a mensajes más sofisticados que en épocas anteriores».[4]

Entonces, ¿qué enseña la televisión a nuestros hijos? El espectro es amplio y variado. Pero echemos un vistazo a

3. Wilson Bryan Key, *Subliminal Seduction* [Seducción subliminal], NAL Penguin, Inc. New York, pp. 67-68.
4. Paula Patyk, *Parental Adviser* [Consejo familiar], White Communications, Knoxville, TN, 1987, p.2

algunas categorías clave y consideremos cómo el mensaje de este medio moldea las mentes jóvenes.

☐ Mofarse de la religión. Les guste o no, los dirigentes de la televisión no pueden desentenderse de las fechas conmemorativas del cristianismo, como la Navidad, pero sí puede excluir a Cristo. Al secularizar las festividades cristianas y reírse de la inefectividad de los representantes de la Iglesia, están desplegando un substituto sin vida, inadecuado y materialista, que de ninguna manera es cristianismo.

Marlin Maddoux escribe: «El humor... es una de las mejores formas para vencer las defensas de una persona. Cuando estas defensas están bajas, se pueden enviar los mensajes directamente a la mente subconsciente donde se almacenarán y afectarán la manera de pensar y el estilo de vida del sujeto».[5]

☐ Si se siente bien, hágalo. Comedias en los horarios de mayor audiencia, novelas, miniseries y misterios modelan una apasionante mescolanza de tabúes sexuales y espirituales de ayer, porque esta es la «generación liberada», desesperadamente adicta a la diversión.

Indecencia, vulgaridad, sarcasmo y cinismo condimentan la acción. ¿Se ha dado cuenta usted cuán rápidamente los niños han agregado este nuevo sabor picante a sus conversaciones y a su humor? La bondad no encaja, a menos que sirva al interés propio; la insolencia es la moda. El respeto a los padres es evidentemente embarazoso, pero seguir sus propias reglas le ganará el respeto de sus amigos, o a lo menos una risa de aprecio.

Fallar en establecer un conjunto de valores significa que nos estamos convirtiendo en bárbaros altamente calificados. (Dr. Steven Muller, presidente de Johns Hopkins University)

---

5. Marlin Maddoux, *America Betrayed*, Huntington House, Inc., Shreveport, Louisiana, 1984, pp. 87.

☐ Experimentar con lo mágico. Los dioses brillantes y hermosos tanto como los oscuros y crueles obtienen su poder de una sola fuente. Así, cuando Papa Smurf conquistó el mal con encantos mágicos, o cuando los amigos de Teddy Ruxpin confiaron en el divino poder de los cristales, o cuando Care-Bears transforma su mundo con vibraciones amorosas, todos están enseñando falsa espiritualidad.

Miles de niños vieron al joven Houdini realizar magia no por ilusionismo, sino mediante una fuerza que aprendió de un viejo y sabio shaman indio.

Otros vieron a Hooperman buscando ayuda de un frustrado médium para resolver un asesinato. La escena final mostraba al jefe de policía, quien al comienzo era renuente a involucrarse con lo sobrenatural, visitando subrepticiamente al triunfante síquico.

Un episodio de Smurf muestra a la Madre Tierra guiando las fuerzas de la naturaleza con su varita mágica. Cuando su vara se quebró, un terremoto liberó a un mago dispuesto a robarse la piedra de la vida eterna del smurf. Al final, la magia buena venció a la mala, la vara fue restaurada y la tierra sanada.[6]

La magia, empacada para toda edad, prepara a los jovencitos a aceptar las fuerzas ocultas sin preguntar por su fuente. Apelando a su deseo por conocimiento secreto y poder para controlar su mundo, lo sobrenatural se ha infiltrado casi en cada tipo de programa, incluyendo la publicidad.

☐ Perseguir un nuevo orden mundial. Con la televisión, la programación masiva ha llegado a ser una fría realidad. Los voceros de los medios manejan el poder para censurar hechos, seleccionar información, ridiculizar principios vitales, crear expectativas ilusorias y dirigir el pensamiento estadounidense. Hoy en día, el exceso de información ha producido una audiencia incapaz de argumentar con los «expertos».

---

6. NBC TV, sábado (en la mañana), 25 de marzo de 1989.

Hace algunos años, el desaparecido doctor Francis Schaeffer habló en la convención de la *National Religious Broadcasters*. Marlin Maddoux resumió algunos de sus puntos clave:

> *Mi clara impresión, recibida de las revelaciones del doctor [Francis] Schaeffer es que nuestra nación se está condicionando sistemáticamente [por los medios de comunicación, las escuelas públicas y la legislatura] a aceptar una clase gobernante elitista, totalitaria y humanística. La razón usada para el concepto de una clase gobernante de un solo mundo y todopoderosa es que este es el único camino para salvar al mundo de un colapso económico y social.*
>
> *Este es el razonamiento de la «élite» social autonombrada, que siente que es la única que tiene la inteligencia y el poder para prevenir a la humanidad de su autodestrucción. Y, si en el proceso de salvar el mundo tiene que destruir la Constitución de los Estados Unidos, y la libertad personal y la dignidad del pueblo estadounidense, se hace, y punto. La amenaza a la Constitución es muy real.*[7]

En el corazón de la visión de la Nueva Era está la certidumbre de que la humanidad se equilibra entre dos edades. Los peligros de nuestro tiempo se interpretan no como el preludio de un desastre apocalíptico [a menos de que la «crisis» pueda servir como un argumento persuasivo], sino como una transformación evolucionaría. (Robert J.L. Burrows, *Spiritual Counterfeits Project*)

☐ No se esconda del horror. ¿Vendrán los fantasmas, demonios y duendes de Halloween a quedarse durante todo el año? Pareciera que sí. «Después de haber mirado por tres semanas películas transmitidas en tiempo preferencial, sin incluir los canales del cable, encontramos que treinta y dos películas incluían tanto ocultismo como temas satánicos»,

---

7. Maddoux, pp. 39-40.

informa Peter Lelonde, autor de *The Omega Letter* [La letra Omega].

«¡Entonces apague el televisor!», argumenta un vocero de la televisión, rechazando cualquier responsabilidad por lo que ven los televidentes. En la revista *U.S. News and World Report*, una mujer contestó así a este simplista argumento:

> *Mi corazón quiere salirse del pecho. De mi cabeza saltan gotas de sudor. La silla se adhiere a mi cuerpo. Una a una las secuencias de una sobrenatural carnicería se despliegan ante mí. Insospechadas jóvenes víctimas son arrojadas con gritos de espanto a un mundo de formas malignas, demonios satánicos y encarnaciones del mal[...]*
>
> *Cada final del día trae horribles comerciales para otra película de horror[...] Contra mi voluntad he llegado a hacerme familiar del Jason de Viernes 13 y del Freddy de Pesadilla en la Calle Elm. Contra mi voluntad he visto los rostros de pequeños niños puestos tras el enfermizo dragado del fondo de las desviaciones de los adultos[...]*
>
> *No negaré ahora, ni sé si alguna vez, el derecho de otros a aterrorizarse. Sólo estoy preguntando si no se me estará forzando a mí y a mis pequeños hijos, que han aprendido a «taparse los ojos» mientras esperamos que pase el horror negro. Estoy de acuerdo con darle a usted lo horripilante, lo asustadizo, lo pasmoso. A cambio, devuélvale a mi familia las horas que ha pasado ante el televisor, y déjeme arrimarme suavemente a aquellos que amo, libre de horror.*[8]

El efecto en los niños

¿Cómo influye la televisión en la opinión que nuestros niños tienen de ellos y de su ambiente? Considere estos factores:

☐ Reemplaza otras actividades. En 1984, el promedio del uso de televisores era de siete horas, dos minutos cada día. (Compañía A.C.Nielsen).[9] Jugar, leer y estudiar han llegado a

---

8. Peter Lalonde, *The Omega Letter* [La letra Omega], octubre de 1988, p. 16.
9. Jim Trelease, *The Read-Aloud Handbook* [Manual de lectura en voz alta], Penguin Books, New York, p. 93.

ser distracciones desagradables a los niños adictos a la TV. Los juegos de familia, la lectura, la conversación y otras formas de interacción social necesarias para formar individuos cariñosos, sensibles y finos requieren más iniciativa y energía mental de lo que muchas familias adictas a la televisión están dispuestas a hacer.

Los niños no pueden probar el mundo que ven en la televisión. Los periódicos y los libros conceden tiempo para detenerse, pesar y hacer preguntas. Con la televisión no se puede hacer eso. Toda vez que la habilidad de los niños para evaluar mensajes no puede mantenerse al ritmo de las presentaciones de acción rápida de la TV, su aprendizaje es a menudo pasivo y significa aceptación automática.

☐ Produce demandas y expectativas irreales. Caricaturas de comerciales y dibujos animados tales como *My Little Pony* [Mi pequeño poney] y *G.I. Joe* estimulan los deseos de los niños, o los anunciantes no gastarían millones en persuadirlos a comprar. Los niños más pequeñitos, incapaces de diferenciar entre un show y un comercial, reciben la exagerada o engañosa andanada con la misma confianza con la que escuchan a sus padres o al maestro.

«La televisión alienta el uso de drogas, alcohol y tabaco al presentarlos seductoramente. Los héroes a los que los niños quieren imitar a menudo aparecen fumando o tomando cerveza» (Academia de Pediatras de los Estados Unidos).[10]

☐ Da una imagen distorsionada del mundo. Ya que los niños dependen fuertemente de la televisión para ir llenando los vacíos en su experiencia, tienden a aceptar todo lo que se les dice. Mientras más pequeño es el niño, menos elementos tiene a mano para evaluar lo que ve y oye. Por lo tanto, las imágenes presentadas en la pantalla le ayudan a formar su percepción de su mundo.

---

10. Phil Phillips, *Turmoil in the Toybox* [Alboroto en la caja de juguetes], Starburst Publisher, Lancaster, Penssylvania, 1986, p. 49.

«Los niños menores de siete años entienden muy poco de la trama», dice Charles Atkins, profesor de Telecomunicaciones en la Universidad del Estado de Michigan. «Se identifican estrechamente con los personajes... y les gusta verlos haciendo cosas, aun cuando no entiendan la totalidad de lo que ven». En otras palabras, un niño puede ver en la primera escena a un ladrón que irrumpe en una casa, y no relacionar este crimen con el encarcelamiento que se verá veinticinco minutos después.[11]

☐ Moldea relaciones perjudiciales. Los programas de televisión muestran a los adolescentes cómo relacionarse con el sexo, opuesto y producir un consenso depravado en la cultura de su semejante. La promiscuidad sexual llega a ser una parte normal de la vida, mientras las consecuencias: embarazos no deseados, enfermedades incurables transmitidas sexualmente, el tormento interior por ataduras y disoluciones raramente reciben exposición equitativa.

Un estudio de la Universidad del Estado de Michigan en los medios de comunicación, los adolescentes y el sexo encontró que en tanto que «las muchachas vieron en sus programas favoritos en la televisión 1.500 actos sexuales o referencias por año, los muchachos vieron cerca de 1.300. Como promedio, las muchachas veían 5.6 horas de televisión por día, incluyendo a lo menos dos telenovelas. Los muchachos veían 5.2 horas de TV por día».[12]

☐ Moldea una conducta violenta. «Estudios han relacionado la violencia en la televisión con la conducta agresiva de niños y adolescentes», dice el pediatra Victor Straburger, un asesor del Subcomité para niños y la televisión de la Academia de Pediatras de los Estados Unidos. «Uno no puede decir con seguridad que un niño iniciará un incendio después de ver un

---

11. Michalene Busico, «TV or not TV», *San Jose Mercury News*, 13 de diciembre de 1988.

12. Ellen Creager, «Estudio de los efectos del sexo por la televisión en los adolescentes», *San Jose Mercury News*, 12 marzo 1989.

drama acerca de un pirómano, pero la conexión aparece constantemente a través de toda clase de estudios».[13]

«Para cuando un niño se gradúe de la secundaria, habrá visto en la televisión 18,000 asesinatos».[14] Al mirar durante horas «violencia imaginaria» sin dolor, los niños aprenden a ver la violencia como una forma normal y aceptable de expresar rabia y de proceder ante los conflictos. Aun la violencia sexual pierde su horror. Algunos son atrapados en sus mortales garras, como testificó en una entrevista con el doctor James Dobson en enero de 1989 el ejecutado asesino múltiple Ted Bundy:

> *El estudio del propio FBI en homicidios múltiples muestra que el interés más común entre este tipo de asesinos es la pornografía... Los medios, a través de las más variadas formas de violencia, alimentan día a día peligrosos impulsos, particularmente la violencia sexualizada. Y lo que me espanta y aterroriza, doctor Dobson, es lo que veo en la televisión por cable. Algunas de las películas de violencia que en el día de hoy entran en los hogares es cosa que treinta años atrás ni siquiera se veía en los cines para adultos destinados a este tipo de películas. Este material —le estoy hablando de mi propia experiencia— es la más gráfica violencia que puede verse en la pantalla, particularmente en la forma en que entra en los hogares, y llega a niños que quizás estén desatendidos o solos y que serán un Ted Bundy que tiene tal vulnerabilidad o predisposición para influenciarse por esa clase de violencia.*[15]

☐ Produce miedo. Según la «Fundación para el Desarrollo del Niño», niños que son altamente asiduos a ver televisión son dos veces más propensos a «asustarse a menudo».[16] ¡No se

---

13. Paula Patyk, *Parental Adviser* [Consejo Familiar], White Communications, Knoxville, Tennessee, 1987), p. 2.
14. Phillips, p. 49.
15. Se pueden conseguir los mensajes completos grabados en casete en Enfoque a la familia, Pomona, California 91799.
16. Wildmon, p. 77.

extrañe! Mientras en la televisión la violencia parece excitante, al mismo tiempo está presentando un aterrorizador cuadro del mundo en el que vivimos. Los niños almacenan en sus mentes imágenes vívidas de perspectivas horrendas. Las familias pagan un alto precio por divertirse con el mal.

☐ Nublan el discernimiento respecto de lo bueno y lo malo. Las actitudes bíblicas de confianza, obediencia y entrega chocan con un mundo donde reina el yo y los valores se han vuelto cabeza abajo. Vez tras vez la televisión presenta un siniestro mensaje invertido: Lo bueno es malo, y lo malo es bueno. En el mensaje del evangelio, confesar los pecados trae limpieza y la cruz nos hace libres. Pero la Nueva Era rechaza el pecado y a la cruz como algo inservible y negativo para un nuevo y progresivo sistema mundial.

Oprah Winfrey ilustró este juego de antagonismos en febrero de 1988 cuando invitó a una dispar pareja: el doctor Aquino, un sumo sacerdote en el templo satánico de Seth, y a Johanna Michaelson, autora del libro *The Beautiful side of Evil* [El lado hermoso del mal]. Cuando el programa iba por la mitad, Oprah se volvió a Johanna, y le dijo: «El doctor Aquino nos ha dicho que el satanismo que él representa es bueno, no malo. ¿Es posible?»

«Sí, puede serlo», contestó Johanna, «si usted viene de una estructura de pensamiento donde lo izquierdo es derecho, lo malo es bueno, lo negro es blanco, lo de adentro es afuera, y lo de abajo es arriba, lo cual es la base del satanismo. Todo está al revés. Así para él, el satanismo es bueno y todo lo demás es malo. Esta es su perspectiva; sin embargo, está errado».

Dios nos advierte acerca de esta clase de ficción manipuladora: «¡Ay de los que a lo malo dicen bueno, y a lo bueno malo; que hacen de la luz tinieblas, y de las tinieblas luz; que ponen lo amargo por dulce, y lo dulce por amargo! ¡Ay de los sabios en sus propios ojos, y de los que son prudentes delante de sí mismos!» (Isaías 5.20-21).

CAPÍTULO DIEZ

¿Qué pueden hacer los padres acerca de la manipulación de la mente?

En la integridad de mi corazón andaré en medio de mi casa.
No pondré delante de mis ojos cosa injusta.
Aborrezco la obra de los que se desvían;
ninguno de ellos se acercará a mí[...]
No conoceré al malvado (Salmo 101.2-4).

—Por favor, David. Apague el televisor.

—¿Pero por qué no puedo ver «Los verdaderos Casafantasmas»?

—Porque enseña a los niños a disfrutar de lo oculto, y porque presenta al hombre como si fuera Dios, capaz de controlar las fuerzas del mal.

—¡Todos mis amigos la ven!

—David. Tú sabes cómo me siento cuando usas ese argumento. Yo no quiero que sigas a nadie más.

—Pero cuando Todd y Try tenían mi edad, tú los dejabas ver cosas como esta...

—Los tiempos han cambiado. Algunas de las películas que ellos veían como *Los Munsters* [Los monstruos] parecían tan alejados de la realidad. Pero hoy, los niños pueden experimentar con cada cosa que esas tiras cómicas sugieren y presentan... En el mundo de hace diez años, el ocultismo no era algo tan obvio. Hoy es agresivo. Especialmente en la televisión.

—Tú nunca me dejas ver nada.

—Eso no es verdad...

Sentía la frustración en mi hijo... y en mí misma. Quería ofrecerle algo bueno y que le entretuviera, de modo que oré pidiendo dirección para tratar el asunto con él.

Esta discusión la habíamos tenido varios años atrás, y ahora David había aprendido a discernir por él mismo. No ocurrió de la noche a la mañana; pero con oración, estudio de la Biblia, práctica y un profundo compromiso a seguir la verdad, él está desarrollando el hábito de ver y hacer decisiones sobre la vida desde la perspectiva de Dios.

Paso número uno: Orar

☐ Ore pidiendo sabiduría para saber qué ver, y autocontrol para abstenerse de lo que no conviene. Sea un buen ejemplo.

☐ Ore pidiendo constancia en mantener los estándares de Dios. Recuerde que aun si su hijo conoce y está de acuerdo con sus valores, una ración de engaño, distorsión y maldad afectará su perspectiva. Él no puede disfrutar lo que Dios odia y quedar inmune si «se endurece por el engaño del pecado» (Hebreos 3.13).

☐ Ore para que ningún otro héroe ensombrezca al verdadero Dios en la vida de su hijo. Cuando se identifican con los ídolos de la televisión, los niños pierden interés en y un sentido de necesidad del Dios de la Biblia. «¿Qué es lo tan grande de Él?» se preguntan. «¿Puede Él levantar los rascacielos y aplastar a los malos con pistolas de rayos? ¿Puede Él volar por los aires o explorar el espacio exterior?»

Sabemos que Él, que hizo la tierra y el espacio, puede hacer todo eso y mucho más, pero desde la perspectiva limitada de los niños, a menudo Dios parece demasiado dócil. Las historias bíblicas no pueden competir con las tiras cómicas en el estímulo a la acción que muchos niños han aprendido a desear.

☐ Ore pidiendo dirección adecuada para ver televisión.

Paso número dos: Reafirmen juntos los valores de Dios

☐ No dejen de estudiar la Biblia en familia.

☐ Analicen estas preguntas: ¿Qué se recuerda mejor de una película o de un programa de televisión: los buenos valores o la violencia ofensiva? ¿Qué es lo que se olvida? ¿Qué puede ayudar a recordar las cosas buenas y pasar por alto las malas? Si usted está viendo una película que de pronto se torna inmoral, violenta, y con escenas de ocultismo, ¿le resulta difícil apagar el televisor? ¿Qué le dice esto a usted sobre la sutil atracción de la maldad?

☐ Analice las noticias y otra información. ¿Es todo verdad o parece haber distorsiones? Recuerde, una democracia no puede subsistir a menos que su gente se informe con hechos. No es fácil encontrar la verdad en medio de todo lo que se escribe. Pero debemos buscarla, porque si no, los medios de información van a moldear nuestro pensamiento.

Will Rogers, el gran estudioso de lo estadounidense, dijo en cierta ocasión: «Todo lo que yo sé es lo que leo en los periódicos». Si Will estuviera vivo hoy, sin duda que habría actualizado su afirmación a: «Todo lo que sé es lo que veo en la televisión». Mucha más gente puede ver más de lo que puede leer, y que hoy están viendo más que nunca antes[...] en la televisión (Jane Chastain).[1]

El fallecido erudito Joseph Campbell afectó profundamente a millones que vieron su diálogo con Will Moyers en la televisión pública. Cautivante y articulado, Campbell vio al cristianismo meramente como un mito más entre muchos, y bastante menos atractivo que otros. A menudo daba validez a sus conclusiones «citando la Biblia». Sólo aquellos que conocían suficientemente bien la Palabra de Dios para discernir los errores, o que se tomaron tiempo para comprobar cada referencia, pudieron reconocer las distorsiones en el uso de la Biblia.

---

1. Jane Chastain, *I'd Speak Out on the Issues if l Only knw what to say* [Yo hablaría del asunto si sólo supiera qué decir], Regal Books, Ventura, California, 1987, p. 182.

☐ Busque videocasetes que muestren los valores de Dios, que enseñen historias bíblicas, o que contengan historias que lleguen al corazón sin blasfemias, inmoralidades o los tonos subidos de la Nueva Era. Pregunte en la librería cristiana de su localidad. Es posible que ellos tengan videos para alquilar, que a la vez que entretengan testifiquen de la grandeza de Dios a través de las vidas de su pueblo.

☐ Haga una lista de los programas y las películas vistos durante la pasada semana. Analice los valores que mostraron o enseñaron. No diga simplemente «Esto es malo» o «Esto es bueno». Sea específico. Dé razones. Esto ayudará a sus hijos a valorar y recordar lo bueno y rechazar lo que es falso.

Paso número tres: Prepare a su hijo a percibir un engaño

Desafíe a su hijo a que sea un buscador de Dios, a que perciba cualquier mensaje que combata en contra de su verdad. Prepárelo para que se haga estas preguntas.

☐ ¿Contiene esta película obscenidades, nudismo, sexo, crueldad y violencia? Ponga atención a lo sutil tanto como a lo evidente: imágenes escondidas en historias dulces o relampagueando en tiras cómicas. Por ejemplo, *Bugs Bunny* [El conejo de la suerte] encontró una lámpara mágica con un genio que podría cumplir sus deseos. El último deseo de Bugs fue: llévame hasta el harem de un sultán.

Debido a que los niños ven mucha «violencia fantástica», que no significa dolor, sufrimiento, o largo tiempo de recuperación, la agresión puede aparecer como algo aceptable e incluso una forma normal de expresar frustración y manejo de conflictos.[2]

---

2. Paula Patyk, *Parental Adviser* [Consejo Familiar], Whittle Communications, Knoxville, Tennessee, 1987, p. 2.

☐ ¿Cumple uno o más de los personajes el rol de Dios? ¿Parecen algunos de estos dioses, como He-man y Superman, más grandes y más reales que Dios? O ¿sugiere la historia que cada persona es un dios, diseñador y creador de sus propias circunstancias? ¿Implica esto que cada persona tiene poder en sí misma para vencer cualquier obstáculo y cumplir sus sueños?

☐ ¿Obtiene el lado vencedor su poder de otra fuente que no sea Dios? Si el poder sobrenatural no procede de Dios, es demoníaco. Hace algunos años esto pudo haberse visto como algo sin importancia, pero hoy, cuando los fenómenos psíquicos y el poder demoníaco están llegando a ser parte normal y aceptada por la sociedad estadounidense, debemos cuidar las mentes de nuestros hijos de absorber esta mentira y subestimar su peligro. La exposición constante tiende a traer aceptación incuestionable, por lo tanto, hay que tener cuidado.

Así como la graciosa e hipnotizante danza de la cobra, la espiritualidad de la Nueva Era es el lado hermoso y seductor del mal, ¡y es mortal!

☐ ¿Vence el bien al mal? ¿Se hace evidente a su hijo que violar los estándares de Dios tiene consecuencias? Puede ser que se señale castigo por violar los valores del mundo, y premio para quienes violan los de Dios. Por ejemplo, en una caricatura aparecía el Pájaro Loco demostrando toda su sucia manera de vengar una ofensa y salir con la suya.

☐ ¿Se oyen frases que hagan referencia a la Nueva Era, tales como «inteligencia superior», «vida anterior» (reencarnación), «evolución de la mente», y «perfección» mediante poderes mágicos y engañosos? Estas suelen aparecer a menudo en muchas fantasías del espacio.

☐ ¿Se acentúa el poder oculto? ¿Hay brujería, hechizos, clarividencia, adivinación y otras fórmulas síquicas como recursos que ayudan a vivir con éxito? ¿Produce el ocultismo curiosidad, fascinación y deseo de practicarlo? Estas trampas demoníacas son más mortales que las drogas y el alcohol. Nuestro Dios odia estas cosas; ¿cómo, entonces, sus hijos se van a deleitar con ellas?

☐ ¿Pasan la prueba de Filipenses 4.8: «Todo lo que es verdadero... honesto... justo... puro... amable... en esto pensad»? Haga una lista de los programas que alientan la amabilidad, la cooperación y el respeto a los demás. Dígala a otros.

Paso número cuatro: Únase a la batalla por la verdad

¿Qué clase de ejemplo estamos dando los padres? ¿Dejamos que el poder que se opone a todo lo que Dios es y hace sea una fuente de diversión para nosotros?

☐ Denuncie la pornografía, las escenas sexuales explícitas, la vulgaridad, las blasfemias, la violencia y el ocultismo. Una iglesia silenciosa es como una iglesia comprometida con aquello acerca de lo cual calla. Si no nos sostenemos los unos a los otros y a nuestros líderes responsables, podemos fácilmente ser atrapados por los mensajes de los medios de comunicación.

☐ Escriba a los anunciantes de películas y programas censurables. Ya que lo que ellos quieren es ganar y no perder clientes, van a prestar atención a su opinión. Las cadenas, a su vez, responden a las quejas de sus anunciantes. La *American Family Association*, fundada por el reverendo Donald Wildmon, guarda registros de los anunciantes de la televisión. Pida información, escribiendo a P.O. Box 2440, Tupelo, MS 38803.

Una noche, en una serie de la Fox, «Matrimonio... con hijos» aparece una mujer quitándose el «sostén». Vestida sólo con ropa interior y portaligas, preguntó a dos hombres: «¿Cómo les parece que luzco?» Sucedió que Terry Rakolta, una madre de Michigan, estaba viendo la película. Horrorizada por la «flagrante explotación de la mujer, el sexo y las actitudes antifamiliares» escribió a los anunciantes, conminándolos a que cancelaran su respaldo. Quince de ellos respondieron con auténtica preocupación y prometieron retirar su apoyo o revisar los siguientes capítulos.

En efecto, los resultados fueron tan asombrosos que en los meses subsiguientes Rakolta apareció en varios programas de noticias y opiniones. Pero el reconocimiento estuvo lejos de ser unánime. Asumiendo el punto de vista de los medios en general sobre aquellos que alzan su voz de protesta en favor de los valores cristianos, *Los Angeles Times» la etiquetaron como una «fundamentalista de ultra derecha», «medio loca» y «estrafalaria». El costo de ser contado como un discípulo de Jesús está aumentando.*[3]

El verdadero problema... es mucho más grande que sexo y violencia en la televisión. Es el mismo fundamento sobre el cual se ha construido la civilización occidental el que está en juego.[4]

☐ Pida que Dios pueda mostrar a su familia su preocupación para que usted pueda batallar en oración cuando vea algunos programas. Cuando Jimmy Owens, el autor de la obra musical *If My People* [Si mi gente...], ve noticieros de televisión, lo hace orando. «Ha llegado a ser el tiempo más intenso de intercesión diaria», le dijo al editor de *Intercessors For America (IFA)* [Intercesores por América]. «Cuán a menudo hemos dicho: "¿No sería hermoso si tuviéramos una forma de llamar a una multitud de intercesores a una alerta inmediata por casos de gran urgencia?" Lo hemos tenido allí mismo, en nuestra propia sala de estar».[5]

Dios nos dice —a los hijos y a los padres por igual— que seamos «sabios como serpientes e inocentes como palomas» (Mateo 10.16). Esto significa que debemos estar alerta a lo que ocurre, a ver todas las cosas desde la perspectiva de Dios, a rechazar cualquier compromiso con el mal que nos rodea, y a dejar que Dios nos use para llevar a cabo su propósito.

---

3. Frank York, «Homemaker Takes on Fox Television» [Ama de casa se enfrenta a Fox TV], Citizen abril de 1989, p. 12.
4. Donald E. Wildmon, *The Home Invaders* [Los invasores del hogar], Victor Books, Wheaton, Illinois, 1987, p. 9.
5. *Intercessors for America Newsletter* [Intercesores por América], Reston, Virginia, octubre de 1988.

CAPÍTULO ONCE

Juegos y juguetes que distorsionan la imaginación

Con su imaginación, los niños se proyectan a sí mismos en un juguete. Les dan vida, carácter, habilidades y talentos, y crean el ambiente en torno a él. Así es como aprenden (Phil Phillips en «Turmoil in the Toy Box» [Alboroto en la caja de juguetes]).

Las tiendas de juguetes son lugares seguros y felices. ¿Verdad? Algunas lo son. Pero muchas han cambiado juegos apreciados y apropiados para la edad, por muñecas glamorosas y soldados del ocultismo que catapultan aun a los niños más pequeños al mundo de los conflictos de adultos.

Por años, lo machista, mágico y macabro ha cautivado a los niños. *Grimm's Fairy Tales* [Cuentos de hadas de Grimm] llenó mi propia infancia en Noruega con imágenes de malvados, brujas echando encantamientos y duendes de tres cabezas que transformaban niños en piedras. Las leyendas eran divertidas, excitantes y *obviamente irreales*.

La aceptación hoy día de las fuerzas del engaño han hecho *real* lo místico y siniestro. Por sí misma, difícilmente una historia hermosa o un juego formarán las actitudes de un niño. Pero reforzados por la escuela, el cine, la música y la televisión, los mensajes combinados generan tolerancia y aceptación de lo demoníaco.

Los juegos de mi infancia daban libertad a mi imaginación para que yo dirigiera el juego. Yo, no el fabricante, asignaba la personalidad y los sentimientos a mis juegos, e interactuaba con ellos según mi entendimiento del mundo que me rodeaba.

Estos juguetes tradicionales, si es que aún se encuentran, se opacan a la luz de aquellos que aparecen en las películas, las tiras cómicas y los libros para niños. Hechos con personalidad incluida, estos nuevos compañeros de juegos ahogan y gobiernan la imaginación. *G.I.Joe* y los *Cazafantasmas* han sido equipados para la guerra, nada más. El juego, naturalmente, habrá de moverse en esa única dirección.

Cuando un niño ve una tira cómica y luego juega con un juguete relacionado con esa tira cómica, él no está proyectándose en el juguete. En cambio, la tira cómica ha programado al niño para que juegue con el juguete de cierta manera particular (Phil Phillips en *Turmoil in the Toy Box*).

Sean sonrientes o asustadizas, muñecas y figuras de acción adquieren vida a través de la imaginación del niño. A través de sus buenas o malas características, enseñan acerca de la vida y sus relaciones. Cuando el niño juega, está expresando su creciente (y a menudo distorsionada) percepción de su mundo, validando y fortaleciendo el mensaje detrás del juguete. John Dvorak, al escribir para el *San Francisco Examiner*, pregunta:

> *¿Hacia dónde se vuelve usted cuando quiere entender el carácter del país, su futuro y su dirección?*
>
> *Muchos periodistas acuden a las actas del Congreso; otros mantienen profundas discusiones con profesores de gran conocimiento. Yo voy a «To R Us» [Cadena de tiendas de Estados Unidos. Aquí es donde se moldean las generaciones que vienen. Déjeme decirle, el molde del futuro está hecho y la imagen es repugnante. No es que la industria de los juguetes no haya estado siempre llena de extrañas novedades, fantasías sin sabor a nada y símbolos urdidos sin mayor valor. Pero ahora es peor que nunca. A uno simplemente lo abruman*

con una plétora de juguetes mejor descritos como horribles, sangrientos e irresponsables.[1]

El país de las maravillas, sueños y magia

Únanse a mí en un viaje espeluznante a través de una moderna tierra de fantasía: la tienda de juguetes más cercana. Va a encontrar extraterrestres, demonios, fantasmas y duendes. Va a ver horrendos humanoides, seres sobrenaturales de horror, humanos embrujados, y seductoras y rutilantes muñecas. Descubrirá juegos de video que lo capacitarán con poder místico y lo pondrán a pelear contra diabólicas fuerzas.

Móntese en un carrito, que vamos a salir por la pared izquierda de la sala de exhibición, grande como una caverna. Observando el interminable muestrario de juguetes desconocidos —sin duda muchos de ellos buenos—, sus ojos se detendrán momentáneamente en *Shriefs* y *Creeks* y *Eternia*, la patria de los Amos del Universo. Luego, cerca de un montón de *ouijas*, verá a *Therapy*, que le prometerá «una diversión fascinante con un toque psicológico». A la pregunta falso o verdadero: «¿Resulta realmente hacerse difícil de conquistar?», la respuesta es: «Falso. Los hombres... tienden a necesitar incentivo. Las chicas más populares son receptivas con sus emociones, no reservadas».

Más allá de los juegos de tablero se encuentra la formidable pared de juegos electrónicos y computarizados. *Nintendo* parece familiar, así es que usted se detiene a examinar esta muestra. Da un suspiro de alivio al ver los viejos y gratos temas, tales como Plaza Sésamo, el Ratón Mickey y fútbol. Pero otros le resulta imposible entenderlos: extraterrestres extraños, hechiceros feroces, demonios feísimos, dragones fieros. Rápidamente quiere salir de ahí.

---

1. «Notas y citas», *Frontpage*, Una publicación de «Hoy, la Biblia y usted» Julio 1988, p. 5.

Al final de la muralla se exhiben libros. Usted se fija en uno, de lujo, para colorear y lleno de actividad llamado *Los Amos del Universo*. Al recorrer sus páginas usted ve una historia que niños pequeñitos pueden colorear: «El abismo de la serpiente, ¡únase a HE-MAN en el rescate del GATO DE BATALLA de las garras de los HOMBRES-SERPIENTE, y frustre el plan diabólico del ESQUELETO!» Usted podrá examinar «¡Rescate del cieno!» «Mensajes por láser», «Castillo de los demonios» y «Laberinto de los espejos mágicos».

Un folleto de cuatro páginas muestra a «He-Man en la batalla de *blasterhawk* y Esqueleto a la caza del espanto». Esqueleto, el «señor de la destrucción», controla el lado oscuro de la fuerza. Su cabeza es una calavera y lleva un bastón con cabeza de carnero, dos símbolos de muerte y satanismo. Usted se pregunta cómo los pequeños niños pueden dormir con cuadros tan feos pegados en las paredes de sus cuartos.

Sigue por un pasillo donde hay armas de diversas formas y tipos, desde *Neutra-Láser*, quien lanza rayos infrarrojos invisibles, hasta *Glooper*, el cual dispara «gotitas de cieno viscoso hasta más de 7 metros de distancia». Una belleza para limpiar, no hay duda.

Al doblar la esquina usted casi tropieza con el Científico Loco con atracciones tales como «la disección de un extraterrestre» o «Sáquele los órganos a un extraterrestre dejando gotear su sangre incandescente».

En los siguientes dos pasillos usted va a encontrar figuras de guerreros en acción que le recordarán los que ha visto en la televisión. A los que primero encuentra es a las «Tortugas mutantes Ninja», aquellos extraños humanoides de color verde que alcanzaron el más alto nivel de popularidad en 1989. ¿Tortugas? Parecen más hombres musculosos con cabezas de serpientes.

Luego, están los *Thundercats* con «La tumba-fortaleza de Mumm-Ra», donde el esqueleto Mumm-Ra «místicamente» se transforma en el Eterno Viviente Mumm-Ra. Dos dragones mutantes Hombre/Bestia «Estatuas guardianes» vigilan la cámara de transformación en forma de calavera.

Usted se da cuenta que ha entrado en la sección de ocultismo de la tienda, porque después de *Sharkoss*, el demonio de las profundidades de «El otro mundo», espera *Mattel* de «Los Amos del Universo». El rubio y hermoso *He-Man* y la glamorosa *She-Rah* contrastan completamente con las grotescas criaturas que les rodean. Las grandes cajas contienen el «Castillo de *Grayskull*», de forma de calavera, hogar de *He-Man* en «Eternia», y la fuente de su poder.

«The Real Ghostbusters» ofrecen un personal Ghostzapper» con los fantasmas que usted quiera: Ecto-2, Gooper Ghost, Sludge Bucket, Green Wolf e incluso —si quiere— con un humano poseído. Usted ve con asombro cómo el *Sweet Old Granny* se transforma en *Granny Gross*. Su quijada abierta revela los dientes de vampiro y una lengua larga y extendida, mientras su sombrero aparece corrido para dejar a la vista una segunda frente con un tercer ojo.

Cuando el niño sea un adolescente, a menos que sus padres le hayan inculcado los valores cristianos, tendrá más conocimiento de lo oculto que el que tenga de Dios (Phil Phillips en *Turmoil in the Toy Box* [Alboroto en la caja de juguetes]).

Aun *Nintendo* provee figuras en acción para complementar sus juegos. Una caja muestra una figura como la de una momia blanca atacando al poderoso héroe *Link*. Como un creciente número de juguetes de acción contemporáneos, este viene con una breve y seductora historia que relaciona un mito ocultista a una realidad más fácil de aceptar.

Dos pasillos más le llevan hasta los juguetes suaves. Está el *Alf* que habla, con algunos otros de formas de vida extraterrestre. Hay una mascota verde de *Pee Wee*, un *Pet Pterri* en forma de dragón y un púrpura *Wooly What's It*. ¿Pero qué ha pasado con los antiguos osos de peluche? Ahora tienen alrededor del cuello cuernos diabólicos, enormes dientes como de león, o cadenas. Algunos tienen dos ojos salvajes y deformes; otros tienen sólo uno. No tiene para qué preguntar: estas criaturas brillantemente coloreadas y aterciopeladas son monstruos.

Usted se dirige a la sección de las muñecas. «¡Póngase en onda!» dice: Dolly, deslumbrantemente, una de las muñecas de «Hollywood». ¿Significa estar en onda maquillaje para las niñas pequeñitas? La cantidad de pequeñas cajas de cosméticos así lo sugieren. Las cajas rosadas contrastan fuertemente con el maquillaje de *Halloween* que se encuentra en el mismo estante. En lugar de un hermoso rostro, intente uno con gris, piel espectral, rayas hechas con sangre y cicatrices espantosas.

Ya está saliendo, y en el camino usted tropieza con el *Play-doh.* ¡Ah, por fin encuentra un juguete seguro! Pero, momento, que esta caja de *Play-doh* tiene una etiqueta que dice *The Real Ghostbusters-brilla-en-la-oscuridad—Play-doh». Usted no tiene ni para qué formar su propia imagen de fantasmas y monstruos. ¡Play-doh lo hace por usted!*

¿Qué enseñan?

Los juguetes pueden enseñar a los niños a resolver problemas, dar ideas, expresar frustración, usar la imaginación, desarrollar creatividad y concentrarse en un proyecto. Pero estos beneficios pueden ser mal usados. Hemos visto cómo llegan a nuestros hijos enseñanzas falsas a través de la escuela, las películas y la televisión. Los mensajes de los juguetes caen en las mismas tres categorías: religión alterada, valores y sistemas del mundo.

☐ Una religión falsa. Los niños han aprendido que los fantasmas y demonios ceden ante el tremendo poder de los Ghostbusters. Las historias de las tiras cómicas prueban que para ellos nada es imposible. El humanismo (creencia en la infinita capacidad del hombre) más el poder de la Nueva Era levanta estos cuatro héroes cazafantasmas y a todos los que se identifican con ellos, a un dominio espiritual.

¿Dónde, entonces, está Dios?

La relación juguete/tira cómica tiene una fuerte influencia. El niño basa su juego en la historia; al no tener un sistema suficientemente fuerte de creencias de sí mismo, incorpora la ficción en su vida. Sea que se crea él mismo un G.I. Joe usando su poder para derrotar a sus enemigos, o un cazafantasmas subyugando espíritus demoníacos, el niño juega con la mentira original de Satanás: «No moriréis[...] y seréis como Dios» (Génesis 3.4).

La seductora ilusión enciende el corazón del niño con sueños deliciosos que lo seducen alejándolo de la verdad. Muy pronto, se aburre de esa visión, pero anhela la próxima que el engañador le muestra. Esa próxima visión puede ser a través de un juego de video. En *Super Mario Brothers 2* —que es menos centrada en el ocultismo que muchos otros videos populares— *usted* es Mario, el osado que rescata a la Princesa Toadstool. Wart, el malo, que la mantiene cautiva, ha lanzado un hechizo mágico sobre el País de los Sueños. Pero *su* poder es más grande.

Menos familiares, pero igualmente siniestros, son los juegos no electrónicos tales como *Phenomena-El juego que va un paso más allá.* Promete a todos aquellos que tengan doce años de edad o más «la fiesta extrasensorial», y enseñarles *telepatía* («lo divertido que es transmitir imágenes»), *clarividencia* (que es «lo que ve, lo consigue»), *visión dermal* («ver» con su piel) y *psicometría* («¿pueden los objetos personales revelarle secretos de su pasado?»). La promoción de este juego dice:

> *Todos tenemos un potencial psíquico. Algunos llaman a esto presentimiento. Otros lo llaman intuición. Es sentir que el teléfono va a sonar y saber quién está llamando[...]*
>
> *Phenomena le da a usted la oportunidad de explorar, abrir y desarrollar su habilidad psíquica mediante un entretenido y fascinante juego. Más y más usted y sus amigos se reunirán para jugarlo.*

En un mundo que ha perdido su temor a Dios y su recelo del enemigo, ¿por qué no intentarlo? ¿Por qué no probar con cualquier cosa que le ofrezca conocimiento secreto, emociones y poder? ¿Quién se va a preocupar de las consecuencias en una Nueva Era que niega el pecado, la culpa y la soberanía de Dios?

☐ Los valores falsos. Cuando yo era una niña, daba de nalgadas a mis muñecas cuando «desobedecían». Sea que jugáramos a «la casa» dentro de la casa, que construyéramos casas en los árboles del bosque, o caváramos cuevas de hielo afuera, en el montón de nieve de 1.40 mt, seguíamos las reglas que han llegado a ser una parte aceptada de la vida. Nuestros tiempos de juego por lo general confirmaban la honestidad, la autoridad de los padres y el amor.

Las tiras cómicas detrás de los juguetes de hoy crean una atmósfera diferente, donde el orgullo machista reemplaza a la gentileza, y el sarcasmo cruel suplanta la amabilidad; donde la agresión y la violencia no castigada implican la ausencia de consecuencias auténticas de la vida. Aquí, el niño aprende las acciones y actitudes específicas que definen su juguete de poses.

Superhombres buscan supermujeres, y las estanterías de juguetes abundan en esbeltas bellezas tipo de la perfección física y elegancia deslumbrante. Barbie señaló la ruta y otras la siguieron. Hoy, niñas pequeñas aprenden la importancia de tener todos los accesorios de la moda de Barbie: un centro estilista con maquillaje (la caja muestra a una pequeña niña abrazando su bolsa de cosméticos), un increíble guardarropa de ropa de diseño, una casa, muebles, un caballo, un vehículo para toda superficie y, por supuesto, un novio llamado Ken. Y por si esto no fuera suficiente, ella puede pedir prestado de Maxi —una copia de Barbie— un bote de vela, una tabla a vela para deslizarse sobre las olas, una moto, un baño con agua caliente... ¿Suficiente?

Un maravilloso surtido de relucientes princesas tales como *Lacy, Spacy* y *Ultra Violet* compiten por las preferencias de las pequeñas niñas. Violeta, una experta en belleza cósmica, viene con una completa línea de moda espacial Lacy.

Menos fantástica, pero igualmente deslumbrante, *Today's girls* [Niñas de hoy], sabe qué es lo importante. Kelly, «la niña más popular en la escuela... lo tiene todo en orden, desde su traje hasta sus accesorios. Es como una fiesta cuando [Kathie] está ahí, llena de sorpresas (afiches de las estrellas de rock, entradas para concierto, etc.)». Y Pepper está «siempre lista para ir de compras con su traje verdaderamente escandaloso».

A pesar del movimiento feminista para la igualdad de los sexos, los juguetes de las niñas acentúan la elegancia, el esplendor, la sensualidad seductora, en tanto que los juguetes de los niños alientan la violencia del macho, los monstruos horribles y el poder sobrenatural.

El sueño mundial de la Nueva Era

En las manos de crédulos preescolares, los juguetes de superhombres y supermujeres confirman la mentira de que un hombre puede controlar las fuerzas «buenas» del universo y conquistar las fuerzas malas. El amistoso *Care Bears* les recuerda que las vibraciones amorosas pueden crear un mundo de paz y amor.

Hoy, adultos alrededor del mundo creen eso. También lo creen *He-Man* y los Amos del Universo. Los enemigos de la paz en Eternia usan todas las formas del poder demoníaco: brujería, magia, hechicería y necromancia para socavar su autoridad. Pero siempre triunfan el sabio y apuesto *He-Man* y la hermosa y fuerte *She-Rah*. ¿No podría nuestra tierra, hambrienta de líderes y de una mente evolucionada, amar a un *He-Man*?

Los niños acuden a los videos y a los portales y juegan juegos llenos de imágenes sobrenaturales y sugerencias demoníacas. Ciegos a la verdadera naturaleza de lo malo, juegan la parte de los dioses en los mundos fantásticos donde el poder del dragón, lanzar hechizos, y la brujería llegan a ser soluciones emocionales a los problemas del hombre.

Jeffrey, representante del primer año ante el concilio estudiantil, jugó fútbol en un equipo rural en Wamego, Kansas. «Un estudiante regular» que nunca mostró signos de abatimiento u otro problema en especial hasta el día 6 de febrero de 1985, cuando se descerrajó un tiro en la cabeza. Todos los indicios relacionaron la muerte de Jeffrey con «Calabozos y dragones» (*Dungeons and Dragons*). «Él quería ir al mundo de la fantasía de los yoes y los gnomos en lugar del mundo de la realidad con sus conflictos», declaró el forense. «Eso lo llevó a la muerte. Se había obsesionado con [el juego]».[2]

«La Coalición Nacional sobre la Violencia en la Televisión afirma que ha habido más de 109 muertes como resultado de una seria inclinación a juegos de rol de fantasía como «Calabozos y dragones» (*Dungeons and Dragons*). Ochenta... fueron asesinatos o suicidios».[3] *Los jugadores de C y D viven en un mundo fantástico de laberintos, monstruos y magia. Obsesionados con el juego, muchos pasan a otras actividades ocultistas.*

Una siniestra fascinación con lo horrible

Quizás usted recuerde a los *Madballs*, aquellas grotescas y robustas cabezas con nombres tales como Wolf Breath [«Aliento de lobo»], Swine Sucker [«Ventosa de puerco»], Asesino Gritón. Su inventor, Ralph Shaffer, comentó que sus exitosas minisferas «podrían llevar al mundo de feo-simpático a una nueva dirección».

Fue en 1986, cuando feo-feo tanto como feo-simpático doblaron la esquina y arrastraron nuestra cultura tras ellos.

---

2. *Topeka Capital—Journal*, 9 de febrero de 1985, citado en *Pro-Family Alert*, Abril 1985, p. 2.
3. Rence Melton, «Los juegos de fantasías pueden volverse demoníacos», *The Bend Bulletin [Oregon], 9 de octubre 1988.*

Criaturas grotescas, de aspecto de demonios, con ojos fieros, invadieron las tiendas de juguetes y se quedaron. Varios eran mutantes: parte animal y parte humana, o una mezcla de varios animales y monstruos, y la mayoría ejerciendo poderes sobrenaturales.

Ganaron increíble popularidad. Los niños parecen querer a estos horribles híbridos, mutantes sobrenaturales empapelando sus paredes, adornando sus cortinas, sus maletines del almuerzo y sus camisetas. Ellos aman abrazar a estos pequeños demonios. Uno sobrenatural, *Dark Dragon* [Dragón negro], tiene alas negras y una enorme cola con escamas rojas a los lados. Tiene hocico, dientes y garras de león. Sus ojos son rojos brillantes y en el centro de su frente brilla un tercer ojo grande y verde. Su pecho se abre para mostrar una calavera. Otro, *Black Star* [Estrella negra], cabalga en un caballo verde con grandes alas tipo murciélago y una larga cola de dragón azul, naranja y verde. Sus ojos son rojos y brillantes y una enorme lengua cuelga fuera de su hocico.

En una conferencia titulada «El creciente interés en lo sobrenatural», Larry McLain, coautor de *The Early Earth*, [La tierra primitiva] compara los grotescos juguetes de hoy con los inocentes de antaño:

> *Estas [criaturas] que nos muestran en arqueología y que nosotros llamaríamos mitología no eran simples quimeras. Eran literales entidades demoníacas físicas que aparecieron en civilizaciones pasadas. Estos tipos de semidioses o seres demoníacos se representaban, como los pájaros humanos de los asirios, parte humanos y parte animal. [Ellos pueden ser] caballo y hombre, como los centauros. O pez y hombre, como el dios Dagon de los filisteos[...] o parte jaguar y parte hombre. Nótese que la lengua colgando fuera del mentón es un símbolo universal de la posesión demoníaca[...] Una de las combinaciones más populares es ser humano y serpiente. Se pueden encontrar en las estanterías de juguetes. No es de sorprenderse que las religiones paganas adoraban a las serpientes y a*

los dragones, porque la Biblia nos dice en Apocalipsis 12 que la antigua serpiente, el dragón, es Satanás el diablo.[4]

No debería sorprendernos la creciente popularidad actual de los símbolos demoníacos. La Biblia profetiza que las actividades demoníacas aumentarán antes y durante el reinado del anticristo. ¿Podría ser esta multiplicación de imágenes de extraterrestres de aspecto demoníaco parte del plan de Satanás para prepararnos para esos horribles futuros acontecimientos? ¿Incluso para una invasión de demonios?

Algunos de la Nueva Era han hecho circular una interesante teoría concerniente a la desaparición venidera de millones de cristianos. Una flotilla de OVNIS y extraterrestres descenderán de repente sobre la tierra para secuestrar a todos los que resistan la evolución espiritual de la humanidad hacia la unidad global de la Nueva Era.

Apocalipsis 9.1-11 prevé un día cuando el Abismo (el pozo sin fin donde Satanás será lanzado por mil años) será abierto con una explosión de humo y liberará un ejército de criaturas poderosas y mortales sobre la tierra. Se verán como una mezcla de hombre, caballo y langosta, con alas, «colas y aguijón como escorpiones». Su comandante será el propio Satanás. Nuestro Dios lo permitirá; porque los hombres malos —como en los días de Noé— pedirán este juicio.

Aunque los niños nacen con un natural miedo hacia las criaturas feas e insólitas, esta protección se ha atenuado con la exposición a la comunicación masiva y la preparación a través de los juguetes. Los niños han sido condicionados para abrazar manifestaciones demoníacas, sea que vengan en la forma de seres inteligentes del espacio exterior o como mutaciones desarrolladas de la tierra misma.

---

4. Larry McLain, de la grabación de su conferencia titulada «El creciente interés en lo sobrenatural», ofrecida en la Seventh Mid-America Prophecy Conference [Séptima Conferencia Profética], Oklahoma City, 27 de julio 1988.

Nuestra generación no se asustará por una invasión demoníaca. En realidad, están esperando que seres extraterrestres inteligentes, que lucen muy diferentes a nosotros, algún día hagan contacto con la tierra y nos ayuden con los problemas ecológicos, monetarios y políticos (Larry MacLain).

¿Por qué no habrían de creer estas mentiras? La creencia en la evolución los lleva a confiar en que otras formas de vida deben haberse desarrollado en alguna parte. «Después de todo», dicen los humanistas, «no hay Dios, pero si existiera, no pudo haber creado todo el universo sólo para los terrícolas».

Pero quizás lo haya hecho. Quizás Dios, quien envió a su propio Hijo a morir por nosotros, haya creado el universo tan vasto para que el ego del hombre —que quiere explicar cada misterio sin la ayuda de Dios— no pudiera satisfacerse. Quizás Él lo haya hecho para mostrarnos la inmensurable grandeza de su soberanía, poder creador y la infinita anchura, longitud altura y profundidad de su magnífico amor. Yo creo que sí lo hizo.

CAPÍTULO DOCE

¿Qué pueden hacer los padres acerca de las distorsiones de la imaginación?

Los juguetes deberían reforzar, no contradecir, los valores positivos que estamos tratando de inculcar (Phil Phillips, Turmoil in the Toy Box).

Cuando los padres de Joshua, un niño de ocho años de edad, supieron lo que él quería para Navidad, se sintieron como que los estaba poniendo entre la espada y la pared. Joshua tenía ojos sólo para la más reciente moda, un *Nintendo* con su juego más popular, *Super Mario Brothers II*. Cualquier otra cosa sería «aburrida» para él.

Los padres de Joshua habían oído historias preocupantes acerca de la adicción al *Nintendo*, o cualquier otra cosa que demandara atención concentrada y que no tolerara interrupción. A ellos no les agradaba en absoluto tener que combatir esa obsesión en horas de ir a la cama o en cualquiera otra hora; además, por ser un juego caro, Nintendo prometía hacer un hoyo grande en sus bolsillos, y las tiendas locales ya habían vendido toda su existencia de *SMB II*.

El año anterior, el asunto había sido sencillo para mamá y papá. Joshua sólo había querido más figuras y accesorios para su «Los amos del Universo». El costo había sido tolerable, por lo cual ellos le proveyeron lo equivalente a un año de entretención imaginativa. Por supuesto, lo horrendo de algunas figuras les causaba intranquilidad.

Los padres de Heidi enfrentaban un dilema similar. Su hija de seis años de edad pidió la «Casa de los Sueños» de Barbie —por supuesto, completamente amueblada— y un balneario y muebles para el patio para Maxie. «Todo eso va junto», explicó, «y todos lo tienen».

La gran popularidad de Barbie no era suficiente para hacerse querer por los preocupados padres de Heidi. A menudo se preguntaban si la curvilínea figura de la muñeca o sus brillantes vestidos no estarían alentando valores y sofisticación inconsecuentes con lo que ellos esperaban para Heidi. ¿Qué clase de aspiraciones cultivan estos símbolos de materialismo egocéntrico?

Si Barbie fuera el único mensajero de hedonismo egoísta, unos pocos accesorios no importarían. Pero la decadencia pagana llama a los niños en todas partes. «Sólo dejen todas las restricciones», les grita, «y dejen que les guíe la naturaleza humana. Sigan sus emociones».

Es difícil enseñar restricciones a los niños que están buscando gratificación. Las escuelas y los medios de comunicación a menudo han declarado a los padres «los chicos malos». Nos damos cuenta de la confusión de valores y retrocedemos ante el pensamiento de jugar el papel de censores una vez más. Pero debemos hacerlo. Dios nos ha dicho a los padres que debemos enseñar a nuestros hijos a seguir sus caminos, y no podemos volvernos atrás. Además, Él promete capacitarnos. Fortalecidos con la verdad, asegurémonos de que nuestros hijos tengan juguetes que alienten su progreso hacia la clase de madurez de Dios.

Paso número uno: Desarrolle sensibilidad hacia lo malo

Una joven madre que conducía un automóvil lleno de niños, entre los cuales había dos de su propia iglesia, les preguntó: «¿Quién es el Amo del Universo?» «¡He-Man!», le respondió un coro de voces. La madre se afligió al ver a los pequeños alabando a su ídolo. Y su corazón acabó por dolerse cuando uno de los niños sacó de su bolsillo una figura horrible y la lanzó al aire. «Y este es Hordak», gritó: «¡Es malo! ¡Combate contra He-Man!»

El disfrute actual en dioses falsos y criaturas demoníacas parece haber comenzado con encantadores magos como Papa Smurf y Rainbow Brite. Al aceptar la gente a estos inofensivos heraldos de las fuerzas ocultas, sin darse cuenta abrieron la puerta al reino grotesco y perturbador del ocultismo.

Al principio, los padres cerramos nuestros ojos a esta tendencia, porque no queríamos reaccionar precipitadamente. Aun en la comunidad de la Iglesia, hablar de Satanás y su reino de tinieblas a menudo se consideraba como negativo o desagradable. Al no poder resistir, gradualmente nos adaptamos y aceptamos estas prácticas. Ahora es tiempo de cortar, tomar nuestras posiciones, y luchar para reconquistar nuestro discernimiento y libertad. ¿Cómo haremos esto?

☐ Continúe leyendo y aplicando las Escrituras.

☐ Comente sus propias observaciones. Despierte la conciencia en sus hijos con comentarios tales como: «¡Ese monstruo luce grotesco!» o «¡Esa criatura me hace pensar en una serpiente!» junto con «¿Sabías que en la Biblia, las serpientes siempre representan a Satanás y a lo malo?»

☐ Al expresar sus sentimientos a un niño pequeño, comente: «¿Quién podría querer esa figura que se ve tan horrible? Yo ni siquiera querría mirarla. Busquemos algo que nos haga sentir felices interiormente».

En las diversas formas en que expresamos nuestra satisfacción y nuestra insatisfacción, nuestros disgustos y entusiasmos, nuestra preocupación y nuestra crítica, nuestra aprobación y nuestra desaprobación, estamos comunicando una serie de valores que usualmente son más largos y más fuertes que la mayoría de los mensajes que vienen de afuera (Joanne Oppenheim en *By Me! By Me!* [¡Cómpreme! ¡Cómpreme!])

☐ Enseñe a hacer decisiones sabias. Dígale a su hijo por qué usted no quiere comprar ciertas cosas.

☐ Cuando un niño desea algo que no parece ser bueno, ore y hágale preguntas adaptadas a su edad, tales como:

–¿Qué te enseña ese juguete, o ese juego, sobre poder, magia, Dios, tú? Analice tanto los mensajes obvios como los sutiles.

¿Has visto películas, tiras cómicas o libros de caricaturas que hagan de este juguete o juego parte de una historia? ¿Qué te decía la historia acerca de él? ¿Te hace pensar ese juguete o juego en alguien que usa la magia o poderes sobrenaturales? ¿Alguien que pretende ser Dios?

–¿Qué enseña ese juguete o juego sobre violencia e inmoralidad y sus consecuencias?

–¿Tiene ese juguete o juego algunos símbolos o características que lo asocian ya sea con el lado iluminado o el lado oscuro del ocultismo de la Nueva Era?

Todo lo bello, afable y bueno se origina con Dios. Satanás no puede producir nada nuevo. Todo lo que él puede ofrecer es falso o hábiles distorsiones de los dones de Dios.

En lugar de dejar que el miedo a lo falso lo haga alejarse de lo verdadero, asegúrese de conocer la diferencia. Por ejemplo, así como las estrellas de cinco puntas han llegado a ser populares símbolos del ocultismo, también lucen inocentemente en el campo azul de la bandera de los Estados Unidos. Pida a Dios discernimiento para rechazar lo falso, pero déle gracias por permitirle recibir lo bueno.

Paso número dos: Aliente a su hijo a escoger lo bueno

Desarrolle una actitud mental que busque lo mejor, no solamente un «está bien». Usted ha identificado y rechazado los juguetes malos. Pero los demás no son necesariamente buenos. Analice estas preguntas para ayudar a su hijo a escoger lo mejor. Plantee las preguntas según la edad de su hijo.

SÍMBOLOS: ¿QUÉ NOS DICEN?

Falso	Verdadero
Arco iris: Vibraciones curativas, puente hacia conciencias superiores, estado de perfección, unidad con Dios.	Dios dio el arco iris como una señal de su pacto eterno con el hombre.
Pentalfa: Estrella de cinco puntas. Las puntas hacia arriba representan la luz, la vida y la educación. Las puntas hacia abajo representan lo malo, hechicería y magia negra.	Dios puso estrellas en los cielos y las usa para ilustrar la magnitud de su maravillosa creación.
El sol: La fuerza cósmica, la mente del universo que todo lo ve, el centro del ser.	Por medio de él Dios provee luz, calor, y energía. Llegará el día en que no lo necesitaremos más, porque la gloria de Dios iluminará sus cielos. (Apocalipsis 22.5).
La espada: Usada en rituales satánicos para invocar la presencia de Satanás. Símbolo clave en las cartas del Tarot.	La «espada del Espíritu» es la Palabra de Dios. ¡Tómela, conózcala, úsela! (Efesios 6.10-17).
Dragones o serpientes: Usualmente encantadores, astutas figuras de poder. Por lo general malos.	En el uso bíblico siempre se refieren a Satanás o su astucia.
Cabeza de carnero: parte integral de la adoración satánica.	Macho cabrío (Números 7.16). Separación de las ovejas de los carneros (Mateo 25.32).
Símbolo de paz: cruz distorsionada, invertida, una de las varias formas en que Satanás se burla y abusa de la cruz.	La verdadera cruz: paz con Dios y victoria sobre el pecado mediante la muerte expiatoria de Cristo.

☐ ¿Presenta un cuadro real de la vida? En un tiempo cuando aun los adultos basan sus vidas en sueños falsos o falsas ilusiones, nuestros niños necesitan aprender a discernir qué es real.

☐ ¿Cuánto durará el interés? Los juguetes novedosos son divertidos por el momento, pero despiertan el apetito por todo lo novedoso, de modo que el centro de las decisiones se centra en la pregunta: «¿Qué puede hacerme *sentir* feliz *ahora*?» Decídase a no comprar esa mentira. Desafortunadamente, muchas compañías que fabrican juguetes de calidad, como *Creative Playthings* [Juguetes creativos], se han sido adquirido o eliminado por gigantes que pueden pagar altos precios por la publicidad en televisión. La variedad de la línea de juguetes más importantes está reducida a aquellos que se ven atractivos en la pantalla.[1]

☐ ¿Se usará este juguete para jugar sólo con él o con otros? Un niño necesita un balance de juego solitario y social. Buenos juguetes le ayudarán a interactuar tanto con su mundo imaginario como con el mundo real, armonizando los dos. Esto puede requerir alguna interacción con usted. Quizás usted pueda acceder a encontrar juntos juguetes que les ayuden a ustedes, los padres, a participar en el mundo imaginario de sus niños pequeños.

☐ ¿Puede usted cambiar el juguete del patrón de juego prefijado y usarlo para bien? Una madre encontró la forma de quitar a Barbie de su elegante mundo egocéntrico, y ponerla en otro que promueve una vida de familia amable y sana:

> *Buscamos alentar un nuevo énfasis en el juego de nuestra hija con Barbie[...] Ella siempre había jugado juegos de familia con sus muñecas adolescentes. De hecho, en una ocasión durante un servicio de candelas, Ken y Barbie «se casaron», con su pastor/padre oficiando. Nosotros habíamos transformado una caja de cartón en*

---

1. Joanne Oppenheim, *Buy Me, Buy Me* [¡Cómpreme, cómpreme!], Pantheon Books, New York, 1987, p. 14.

un hogar familiar. Sarah Jane estuvo dispuesta a ampliar la familia, por lo que entonces agregamos una pequeña muñeca con un pequeño rostro y figura. Ahora, la familia incluía un hijo.[2]

☐ ¿Ayuda a la formación de un buen carácter? Muchos juguetes, entretenimientos y juegos lo hacen. Revise los principios bíblicos sugeridos para evaluar películas y programas de televisión.

Paso número tres: Eduque a su hijo para que siga a Dios, no a sus amiguitos.

Queremos que nuestros hijos se sientan bien, que sean apreciados por sus compañeritos, y que no se pierdan la diversión. Pero al darnos cuenta de lo que sus amiguitos eligen, veremos cómo nuestros hijos responderán a la presión de ellos. ¿Cómo podemos prepararlos para que hagan decisiones sabias?

☐ Contrarreste esa presión. Los niños naturalmente comparan a sus padres con los padres de sus amiguitos, desafiándonos a que seamos tan generosos como ellos. Esto hiere, toda vez que nosotros queremos que sientan que les amamos. Nosotros vemos lo que ellos no ven: que consiguiendo el juguete que quieren no les va a hacer sentirse seguros de nuestro amor. En cambio, aumentará sus antojos y les creará descontento. Además, les enseña a igualar el amor con las cosas materiales. Si su hijo tiene suficiente edad para entenderlo, explíquele este proceso.

☐ Enséñeles a ser individuales, no meramente miembros del statu quo. La Nueva Era les dice a los niños que «todos son uno». La verdad es que Dios hace única a cada persona. La sabiduría resiste a las falsas justificaciones, como: «¡Todos tienen uno!» (Analicen Deuteronomio 7.6 y 2 Corintios 6.14-18.)

---

2. Francie Scott, *Gospel Acording to Barbie* [El Evangelio según Barbie], Christian Home, Winter 1984-85, p. 21.

☐ Investigue si el querer un juguete pudiera ser nada más que el deseo de presumir. Alimentar ese sentimiento produce esclavitud y una creciente inseguridad.

Los niños, tanto como los adultos, ansían cosas o juguetes de lujo que los fabricantes están listos a proveer.

☐ Lleve la iniciativa. Tenga una abundante provisión de ideas y recursos para ayudar a su hijo y a sus amigos a usar su imaginación y desarrollar sus propios juegos: confeccionar vestidos (tiendas de descuentos son un buen recurso), tela para hacer títeres, pedacitos de madera para hacer algunas estructuras exteriores, un refrigerador de cartón para armar una casita de juego, etc.

☐ Busque en la Biblia instrucciones y autoridad. Dios entiende nuestros deseos de seguir a la multitud; Él siente nuestra angustia de estar «en» en el mundo pero no ser «del» mundo (Jn 17.16-18). Según la edad de los niños lo permita, revisen juntos Romanos 12.1-2 y luego analicen 3 Juan 11 y Judas 18-20.

☐ El negarse a sí mismo pareciera estar fuera de lugar en una nación consumida por la autocomplacencia y la satisfacción del yo. Pero Dios lo mandó y Jesús lo demostró. ¿Por qué rehusamos reconocerlo? Según la edad de su hijo, analice las palabras de Jesús en Mateo 16.24 y luego deje que el Espíritu Santo lo dirija en la aplicación.

No me malentienda. Mucho más que los padres terrenales, Dios quiere que sus hijos sean felices y la pasen bien. Pero Él no quiere darnos pastelillos de crema para satisfacer nuestra hambre, y alejarnos de la comida de verdad. La autodisciplina produce la clase de madurez que trae felicidad genuina para siempre, no solamente un placer momentáneo hoy día.

Nuestro Padre Celestial, quien ejerce la paternidad mejor que cualquiera de nosotros, no pone su interés mayor en lo superficial. Él sabe mejor darnos todas las cosas que queremos. Así como muchos niños quieren soda sobre la leche, y papas fritas sobre la zanahoria, así nosotros como adultos muchas veces queremos lo que no puede satisfacernos. Dios no quiere vanidades vacías, como las llama, para que moldeen nuestro apetito, satisfagan nuestra hambre y reemplacen lo mejor.

¡Oh profundidad de las riquezas de la sabiduría y de la ciencia de Dios! ¡Cuán insondables son sus juicios, e inescrutables sus caminos!

Porque ¿quién entendió la mente del Señor? ¿O quién fue su consejero? ¿O quién le dio a Él primero, para que le fuese recompensado?

Porque de Él, y por Él, y para Él, son todas las cosas. A Él sea la gloria por los siglos. Amén (Romanos 11.33-36).

CAPÍTULO TRECE

Libros y revistas, una estimulación ofensiva

La literatura, quizás más que cualquier otra forma de expresión, ha descrito con fidelidad a la Nueva Era. Una multitud de obras de ficción y no-ficción, muchas de las cuales ya ostentan la categoría de «clásicos», presentan el evangelio del siglo XX a quienquiera que pueda leer, o conozca a alguien que pueda (Alice y Stephen Lawhead en «Pilgrim's Guide to the New Age» [Guía del peregrino de la Nueva Era]).

Mientras familiares y amigos animaban a su equipo favorito, dos jovencitas separadas del grupo permanecían en una esquina de la parte baja de las graderías, totalmente ajenas a las emociones del juego de campeonato de las ligas menores. Estaban inclinadas con sus cabezas metidas en una revista. Sólo de vez en cuando rompían su silenciosa concentración para señalar algo especial en una página, echar una risilla o intercambiar miradas de sorpresa.

Hacia el final del juego, cerraron la revista y pude ver el título: *Sassy*. Curiosa por el poder de mantener su atención, al día siguiente compré un ejemplar.

Mis ojos se abrieron a una nueva cultura de los adolescentes. (¿O será una nueva cultura formada por *Sassy* y otras pioneras?) Además de maravillosos rostros y cuerpos complementados con los correspondientes consejos de belleza, mostraba cómo estar físicamente en forma y conseguir la más provocativa apariencia. «Después de ponerte un par de pantaloncitos de licra para andar en bicicleta y una polera con el dibujo de una calavera, ponte unos marbetes de patines como calaveras metálicas y signos de paz, en todo lo que se vea. Y cualquiera otra cosa que puedas encontrar con huesos cruzados, símbolos de la década de los sesenta y cosas sangrientas como manos y cabezas cortadas también servirán[...] Ahora toma el último número de la revista *Thrasher* que comienza con palabras tales como "romper, golpear y desgarrar"».[1]

Mediante simpáticas entrevistas, *Sassy* trata de guiar al lector a los corazones de las parejas de lesbianas y homosexuales. Y lo alienta a usar una gorra cervical, como los mejores grupos de rock, y ver las películas correctas. Por ejemplo, «evita la película *Sexo informal* de baja calificación y casi una bomba, porque, después de todo, ¿dónde está lo divertido en estar mirando a una pareja de chicas haciendo lo que toda persona *medianamente activa sexualmente* sobre la tierra hace?»[2]

Bajo la columna «Las revistas de historietas son tus amigas» da una lista de «cuáles son las más atractivas: *Los misteriosos hombres-X, Batman: El chiste asesino, El lobo solitario y el Club, La búsqueda de Elf,* e *Historias de las adolescentes tortugas mutantes ninjas.*[3]

Decidí que si esto era lo que las muchachitas estaban leyendo, debería revisar mejor. Entonces me fui a la tienda de revistas cómicas e historietas del barrio y le leí una lista al vendedor. Me señaló su exhibidor con las últimas novedades. Mi lista coincidía. Como *Batman: El chiste asesino* estaba agotado, me sugirió reemplazarlo con *El devorador* o *Mai, la niña síquica*, otros dos best-seller. Como estaba empezando a sentirme mal en esa tienda, rápidamente los compré todos.

—¿Qué edad tienen los niños que compran esto? —le pregunté antes de salir corriendo.

---

1. «*What's Next*» [¿Qué viene ahora?], *Sassy*, julio de 1988, p. 14.
2. «*Watch It*» [Míralo], *Sassy*, julio de 1988, p. 22.
3. Christina Kelly, *What now?* [¿Y ahora qué?], *Sassy*, julio de 1988, p. 14.

—De todas las edades —me respondió—. Desde los pequeñitos hasta los adultos.

—¿Cómo pueden los pequeñitos comprar esto?

—No hay problema —sonrió—. ¡Ellos se consiguen el dinero!

Cuando llegué a casa y empecé a mirar superficialmente aquellos tesoros contemporáneos, me fue difícil creer lo que estaba viendo. ¿Pequeñas criaturas leyendo esto? Pornografía, crueldad, sadismo, violencia y ocultismo emergían de aquellas páginas. En menos de cinco minutos había visto todo lo que me permitía mi capacidad.

Egoísmo, sexo y violencia

La palabra *sassy* describe una actitud que se ve en las películas de hoy, en los grupos de amigos y en las salas de clases: «dados a contestar, impertinentes, físicamente vigorosos, distintivamente elegantes o a la moda».[4] Esto compagina con el desenfrenado egoísmo de nuestro día: ¡Yo escojo mi propio camino, creo mi propia realidad; yo soy esencialmente perfecto y divinamente poderoso; yo soy mi propio dios!

¿Se ha dado cuenta usted cómo esta actitud arrogante se presenta invariablemente en las revistas de historietas? *Garfield*, perezoso y cínico; el humor macabro de *Far Side*, y los deliciosos e incorregibles *Calvin* y *Hobbes* demuestran el mismo fraude: el éxito y la popularidad vienen por la arrogante autoconfianza, la machista autosuficiencia, el control manipulador y una sarcástica forma de abochornar a los demás que se disfraza de humor.

La sección de jóvenes adultos de nuestra biblioteca local, «para personas desde los doce años de edad hasta último año de secundaria», dice nuestro bibliotecario que despliega una más sutil forma de la actitud de «sassy». Atractivas novelas

---

4. *Webster's Third New Unabridged Dictionary* [Nuevo Diccionario integral de Webstor], 1965.

para adultos hacen que los valores del humanismo/Nueva Era parezcan normales, divertidos y hermosos.

Judy Blume, «madrina del ascendente realismo adolescente»,[5] escribe cautivantes novelas para niñas preadolescentes y adolescentes. A la vez que sus libros sirven de guía a los niños a través de algunos de los más confusos años de sus vidas, también logran lo que los humanistas demandan y los adolescentes desean: la separación de los deseos y las expresiones sexuales de toda restricción social o espiritual. Ellos responden las preguntas, deleitan la imaginación, y ayudan a los adolescentes a superar temores «falsos y anticuados conceptos» y el sentimiento de culpa.

Los niños tienen el derecho de leer acerca de niños decentes que están teniendo relaciones sexuales y nada les ocurre. El sexo sin castigo es muy importante (Judy Blume).

El libro *Forever* [Por siempre] de Blume, «el volumen más solicitado por los adolescentes en la Biblioteca Pública de Nueva York», habla de las primeras experiencias de una jovencita con la intimidad sexual. Una cálida y persuasiva historia da aliento a los jóvenes lectores sobre cómo manejar el coito, control de natalidad, y cómo manejar la preocupación de los padres: «No les digas nada a ellos, porque es "duro para los padres aceptar los hechos"».[6]

Igualmente duro para los padres es aceptar los hechos detrás de los ídolos populares de nuestros hijos. Llamando desde la estantería de una biblioteca para niños, *Duran-Duran* por Toby Goldstein habla del «simpático» grupo de rock

5. J.D. Reed, «*Packaging the Facts of Life*» [Envase los actos de la vida], *Time*, agosto de 1982, p. 65.
6. Judy Blume, *Forever* [Por siempre], Pocket Books, New York, 1975, p. 129.

que inició los videos de música pornográfica. Pasando por alto los sórdidos detalles de sus seductoras canciones y filmes, el libro presenta un seductor comercial para la desmoralización de los productos de Duran-Duran.

La violencia y vulgaridad en *The Chocolate Wars* [La guerra de chocolate] por Robert Cormier no es impedimento para que sea lectura requerida en los octavos grados. Respecto del autor, un editor de libros para el *San Jose Mercury News* comenta: «Nadie a los quince años quiere un libro para niñitos, y Cormier no escribe para ellos. Sus emociones sobre sexo, desilusiones, intrigas y conflictos vienen en porciones de tamaño adulto. En *Fade*, él cruza *El hombre invisible, La mala semilla* y las obras selectas de Stephen King».[7]

Promoción de las creencias y prácticas de la Nueva Era

Una selección de «fantasías para el tiempo de acostarse para fortalecer la autoestima» llenan un pequeño y atractivo libro por Michael Papas titulado, *Sweet Dreams for Little Ones* [Dulces sueños para pequeños]. Uno de ellos dice: «Tu nombre es ______ Fuerte. Tienes poderes especiales. Eres muy fuerte y puedes levantar cualquier cosa que quieras, no importa cuán grande o pesada sea[...] Usas tu poder sólo para ayudar a los demás».[8]

Mientras esto puede parecer atractivo, como muchos de los hermosos libros para niños que existen actualmente, enseña imágenes guiadas, pero no por el Espíritu de Dios; visualización, pero no basada en la verdad; poder sobrenatural, pero no el poder de Dios.

Recuerde, el mejor fraude es el más peligroso engaño. Y esto puede que no sea nuevo. Si cuando usted era niño no leyó

---

7. Book Reviews, *Arts and Books* [Artes y libros], *San Jose Mercury News*, 27 Noviembre 1988.
8. Michael Papas, *Sweet Dreams for Little Ones* [Dulces sueños para niños], Harper y Row, San Francisco, 1982, p. 48.

The Secret Garden [El jardín secreto], difícilmente se lo perdería hoy. Prominentemente exhibido en las librerías, ha experimentado un sorprendente resurgimiento debido a que llena los principios básicos de la Nueva Era.

La primera vez que lo leí, no me di cuenta de que Francis Hodgson Burnett había escrito un persuasivo argumento para el panteísmo. Sin predicar, ella identifica su dios: una gentil y sanadora fuerza que permea toda la naturaleza. Ella la llama Magia.

Típica de la mayoría de las manifestaciones «del lado hermoso del mal» esta magia toma características divinas y realiza maravillosas proezas, como si fuera Dios. Oígalo de la boca de los niños. Nótese cómo su amada Magia exhibe todas las características de un dios de la Nueva Era.

> *Es verdad que lo que pensamos influye en lo que hacemos. Pero The Secret Garden [El jardín secreto], nos dice más que eso. Dice que en realidad las ideas hacen que las cosas sucedan. Lo que pensamos crea realidad. [Esto] es análogo al punto de vista ocultista de que el mundo material es una emanación de la realidad mental y espiritual; y, por lo tanto, si cambiamos el mundo mental, podemos crear una nueva realidad material.*[9]

☐ Dios está en todo (panteísmo). «Todo es hecho por la Magia», dice el inválido Colin, «hojas y árboles, flores y aves, el tejón y los zorros y las ardillas y las personas... La Magia está en mí... Está en cada uno de nosotros...»[10] Mary y Dickon, nacidos en la India, que tienen una especial unidad con plantas y animales, asienten. Ellos se lo enseñaron.

☐ Dios es una fuerza impersonal. «Si usted la llama [a la Magia] para que venga a usted y le ayude, llegará a ser parte de usted y permanecerá haciendo cosas».[11]

---

9. Paul A. Bartz.
10. Francis Hodgson Burnett, *The Secret Garden* [El jardín secreto], Henry Holt y Compañía, New York, 1987, pp. 187, 190.
11. *Ibid.*, p. 188.

☐ El hombre puede controlar y utilizar este poder cósmico a través del ejercicio mental, creando su propia realidad imaginada. «Cada mañana y atardecer...», promete Colin, «voy a decir: "¡La Magia está en mí! ¡La Magia me está haciendo bien!"»[12] Más tarde, los niños se sientan, piernas cruzadas, debajo de un árbol —«como si estuvieran sentados en una especie de templo»—, mientras Colin canta afirmaciones acerca de la Magia, finalizando con: «¡Magia! ¡Magia! ¡Ven y ayúdanos!»[13]

Al final, un fuerte y feliz Colin testifica al poder de la Magia, y al placer de Satanás en enfocar la fe del hombre en un sumiso substituto de Dios.

Amor por lo oculto

—¿Qué tipo de libros te gusta leer? —pregunté a una niña de diez años.

—De ciencia ficción —me respondió.

—¿Cuáles son algunos de tus favoritos?

—Los libros de Zilpha Keatley Snyder. Acabo de terminar de leer «El cupido sin cabeza».

Y me contó la historia.

—Eso se parece más a sico-ficción que a ciencia-ficción. ¿No te parece?

—Es posible. Pero es una verdadera aventura.

—¿Cómo te sientes cuando lees historias como «El cupido sin cabeza»? ¿Con miedo? ¿Un poco asustada?»

—Es excitante y divertido. Me gusta.

La biblioteca de los niños tiene otros libros de Snyder. «¡Los niños de quinto y sexto grados los aprecian mucho», dice el bibliotecario. Yo revisé *The witches of worm* [Las brujas de Worm], la historia acerca de un gatito poseído por un demonio que mete en una serie de problemas a una pequeña niña solitaria. Al final, la heroína investiga la brujería, aprende una

---

12. *Ibid.*, *p. 187.*
13. *Ibid.*, p. 190.

versión ocultista de exorcismo, y aparentemente prueba el poder del hombre para subyugar las irascibles fuerzas del mal.

Los preescolares también aman lo que asusta y lo mágico. Libros hermosamente pintados cuentan historias horribles sobre brujas, magia y hechicería. Un libro para pequeñitos, *Little witch's magic spells* [Encantos mágicos de la pequeña bruja] incluso viene con un juguete de brujería.

Niños de los grados elementales leen libros tales como *Bunnicula* por Deborah y James Howe, que es la historia de un pequeño conejo drácula que cada noche escapa misteriosamente de su jaula para buscar qué comer en la cocina. Mamá y papá no se pueden explicar por qué las verduras amanecen blancas y con marcas de colmillos.

Páginas gastadas y cubiertas arrugadas prueban la popularidad de libros como *Dragontales* [Cuentos de dragones] y *Endless Quest* [Búsqueda interminable], en los cuales el lector es el héroe. Ambos equipan a los jovencitos con diversas formas de poder oculto.

El último es publicado por los editores de *Calabozos y Dragones*. En *Dragon of Doom* [El dragón de la muerte], de Rose Estes, usted conquista a un mago malo con sus anillos mágicos, sus hechizos, su unión mental con sus camaradas para aumentar la fuerza, sus estados de trance, su clarividencia, su telepatía mental y la sabiduría para la «clarificación de valores» de hoy. Al enfrentar al pavoroso Dragon of Doom, usted le ofrece esta instrucción contemporánea, la que supuestamente justifica cualquier acción: «[Destruye la humanidad] porque *tú lo quieres* y no porque alguien te haya ordenado que lo hicieras. Debe ser tu decisión».[14]

Tanto las bibliotecas como las librerías ofrecen un amenazador menú a los adolescentes. Aun niños de sexto y séptimo grados devoran seductoras mescolanzas de ciencia ficción,

---

14. Rose Estes, *Dragon of Doom* [El dragón de la muerte]. Un libro de aventuras de calabozos y dragones, TSR, Inc., Lake Geneva, Wisconsin, 1983, p. 84.

sexo, ocultismo y aventuras síquicas, incluyendo los horrores para adultos de Stephen King. Estas fantasías atraen sus mentes a un mundo de sueños demoníacos donde los fenómenos síquicos, las tensiones sensuales y los terrores ocultistas llegan a ser tan familiares como las rosas y los arcoiris.

Pintar un nuevo mundo

La cruel lucha por el poder de *The Chocolate Wars* [Guerra de chocolate] ilustra el egoísmo de la naturaleza humana y los horrores de la anarquía. Sin alguna forma de fuerza para mantener la paz y la justicia, los fuertes oprimirán a los débiles en las escuelas, en las comunidades, en las ciudades, en las naciones, alrededor del mundo. La historia da fe de ello. Pero todavía el hombre continúa tratando de alcanzar frágiles burbujas, como el sueño de una humanidad más perfecta la que —sin tomar en cuenta a Dios— pueda detener la competencia y vivir en paz.

The Butter Battle Book [La guerra de la mantequilla], por el doctor Seuss, una tragicómica parábola parabólica, sugiere que las guerras se desatan por diferencias tan triviales como ponerle mantequilla al pan por el lado equivocado, que es lo que los Zooks hacen. Pero los Yooks untan su pan «con la mantequilla para arriba... ¡la forma correcta y honesta!»[15]

La estúpida guerra entre los Yooks y los Zooks se extiende desde la honda hasta el *Bitsy Big-Boy Boomeroo*, una bomba atómica. Mientras tanto, «las chicas del lado correcto *Seusificado* cantan un inspirado himno: «¡Oh, tened fe! ¡Creed en su mantequilla!»

La última página muestra a dos representantes —los abuelos Yook y Zook— cada uno listo para lanzar la mortal bomba sobre territorio enemigo. Las palabras finales parecen diseñadas para levantar miedo, pero —al igual que los programas

---

15. Dr. Seuss, «*The Butter Battle Book*» [La guerra de la mantequilla], Random House, New York, 1984, p. 6.

globalistas de las escuelas— ofrecen sólo una ojeada prejuiciada y uniforme de un dilema extremadamente complejo y doloroso. «Abuelo», le grité, «¡ten cuidado! ¡Por favor! ¿Quién la va a tirar? ¿Serás tú...? ¿O será él...?»[16]

Todos odiamos la guerra. Queremos vivir. Pero a veces Dios nos llama a estar firmes en lo que creemos, aun hasta el punto de arriesgar nuestras vidas. Por supuesto, esta clase de autosacrificio no es un asunto de estos días. El asunto es la autocomplacencia, y el mundo ofrece muchas atractivas formas para alcanzarla.

Los niños mayorcitos disfrutan de un surtido fantástico de sueños futuristas. Mientras la ciencia ficción no requiere base científica, construye visiones aceptables de un universo evolucionado y una mente omnipotente, de humano, de robot o de extraterrestre, no importa. Algunas historias son ingeniosas y absurdas, como la serie de Douglas Adams *The Hitchhiker's Guide to the Galaxy* [Mapa de las galaxias para autoestopistas], de la cual también se puede conseguir un juego para computadora. Otros hablan de sobrepoblación, el uso de otros planetas para el excedente de población, viajes a través del tiempo, fantásticos robots humanoides que liberan al hombre de la esclavitud del trabajo, de la trascendencia mental y espiritual, de «patrones de probabilidad» que rompen cualquier barrera imposible... A menudo la ilusión fantástica incluye imágenes distorsionadas de Dios elaboradas para satisfacer el sueño del autor junto con selecciones de las Escrituras para agregarle credibilidad.

Si los estudiantes pudieran discernir entre ficción y hechos, algunos de estos libros proveerían una lectura que provocaría a pensar. Pero no debemos dejar que visiones futuristas y miedos sin base nos nublen la vista del futuro de Dios. La Biblia nos dice que Dios está preparando un nuevo mundo donde su amor y poder serán la garantía genuina de paz. Él invita a todos a venir. La puerta —Jesucristo mismo— permanece

---

16. *Ibid.*

abierta y esperando. Mientras observa, Él llora sobre aquellos que se vuelven de sus propios caminos. Porque la tragedia es que mientras Jesús ama a todas las personas, la mayoría de ellas están distraídas con falsas visiones de vida presente y futura, y pocos aceptan su invitación.

Mientras tanto, Dios está preparando a su pueblo para pasar la eternidad con Él. Nos equipa para seguir la verdad en un mundo que odia su Palabra y escribe su propio evangelio. ¿Están sus hijos preparados para reconocer y resistir lo falso?

Para que el Dios de nuestro Señor Jesucristo, el Padre de gloria, os dé espíritu de sabiduría y de revelación en el conocimiento de Él, alumbrando los ojos de vuestro entendimiento, para que sepáis cuál es la esperanza a que él os ha llamado, y cuáles las riquezas de la gloria de su herencia en los santos, y cuál la supereminente grandeza de su poder para con nosotros lo que creemos (Efesios 1.17-19).

CAPÍTULO CATORCE

¿Qué pueden hacer los padres acerca de la estimulación ofensiva?

Cuando los niños de nueve años de edad hacia arriba son guiados a creer que [las actuales novelas para adolescentes] reflejan cómo vive la mayoría de la gente, entonces de seguro que su conducta se afectará[...] Si la sociedad desea una conducta más aceptable, entonces la sociedad deberá adoptar ante los jóvenes una conducta más aceptable (Foro Pro-Familia)

La literatura que no emociona, excita o aterroriza ya no vende mucho en las tiendas seculares de hoy. Substitutos superficiales y provocativos de la buena literatura más seducen que forman un carácter noble. Tradicionalmente, el aula ha sido un proveedor de libros formadores del carácter. Todavía es así, pero ¿qué clase de valores está formando ahora?

En el otoño de 1988, el profesor de inglés del octavo grado de mi hijo pidió a sus estudiantes que leyeran de Jay McInerney «Luces brillantes, gran ciudad». El ambiente: un club nocturno para solteros, a horas de la madrugada. El héroe: «Tú».

Observas a una niña en la orilla de la pista de baile que luce como si fuera tu última oportunidad para tu salvación terrenal[...] Allí está ella en sus pantalones ajustados, un peinado con cola echada a un lado, como las rocanrroleras de la década de los cincuenta y como la más deseable candidata que vas a encontrar a estas alturas del partido. El equivalente sexual a comida rápida.

Se encoge de hombros y asiente cuando la invitas a bailar. Te gusta la forma en que se mueve, los suaves contornos de sus caderas y hombros. Después del segundo baile, ella dice que está cansada. Está a punto de salir disparada cuando tú le preguntas si necesita algo que le levante el ánimo.

«¿Tienes algo para fumar?», pregunta ella.

«¿Es Steve Wonder ciego?», respondes tú.

Ella te toma los brazos y te lleva hasta el servicio de mujeres. Un par de cucharas parece que le caerán muy bien. Y tú te sientes fantástico. Un par más. Esta mujer es todo narices.

«Amo las drogas», dice ella, mientras tú caminas hacia el bar.

«Es algo que tenemos en común», le contestas.

«¿Te has dado cuenta cuántas palabras buenas comienzan con D?»

«Drogas. Delicia. Decadencia».

«Desenfreno», agregas tú, poniéndote a tono con ella.

«Dexedrina».

«Delincuencia».[1]

Una discusión con el profesor de mi hijo dio como resultado un cambio en las asignaturas de lectura. Pero es necesario más que una victoria ocasional para detener el proceso de caída en que va la sociedad. En «Divirtiéndonos hasta caer muertos», Neil Postman compara las escalofriantes profecías de dos autores, Orwell y Aldous Huxley:

Orwell temía que se nos pudiera ocultar la verdad. Huxley temía que la verdad pudiera ser ahogada en un mar de irrelevancia. Orwell temía que llegáramos a ser una cultura cautiva. Huxley temía que llegáramos a ser una cultura vulgar, preocupada con algunos equivalentes de los sentimientos bajos, orgísticos e intrascendentes... En 1984... la gente está controlada por un dolor impuesto. En Brave New World, ellos están controlados por un placer

---

1. McInerney, *Bright Lights, Big City* [Luces brillantes gran ciudad], Vintage Contemporaries, New York, 1984, pp. 6-7.

impuesto. En resumen, Orwell temía que nos arruinaría lo que odiamos. Huxley temía que nos arruinaría lo que amamos.[2]

Postman sugiere que Huxley, no Orwell, estaba en la razón. Yo creo que si Huxley estaba en la razón, la realidad de Orwell seguiría. Los optimistas de la Nueva Era, que creen que la bondad inherente del hombre lo llevará en un viaje ascendente a la perfección espiritual, en palabras de Huxley, han «fracasado en tomar en cuenta el apetito casi infinito del hombre por las distracciones».

Los estadounidenses aun leen, pero el propósito de los libros populares es entretener, no informar. Las emociones venden. Los hechos, no. Para controlar a gente hedonista y no pensante, un líder mundial carismático no necesita armas militares, sino promesas.

Yo no soy pesimista. Nuestro Rey ha ganado la guerra, nos ha llenado de Él, y nos ha prometido un futuro glorioso. No necesitamos temer a nada, que no sea volverle las espaldas a Dios. Y si despertamos al presente desafío, podemos marcar la diferencia en el mundo.

Paso número uno: Preparación personal

¿Están los niños aprendiendo a leer con discernimiento, o aceptan cualquier cosa, sólo porque esté impresa?

☐ Ore como familia pidiendo discernimiento y sabiduría. No tema que la literatura ofensiva detenga a su familia de disfrutar de los hermosos libros.

☐ Comprométase a profundizar su conocimiento de la Palabra de Dios. Mantenga un programa diario de estudio de la Biblia. Si sus hijos conocen la verdad, van a poder darse cuenta de las mentiras.

---

2. Neil Postman, *Amusing ourselves to Death* [Divirtiéndonos con la muerte], Viking Penguin, Inc., New York, 1985, vii-viii.

☐ Disfruten juntos los libros que demuestran los valores de Dios. Un tiempo de lectura en voz alta desarrolla en muchos niños un profundo amor por la lectura, mientras eso lo capacita también a usted a dirigir el gusto de sus hijos por libros que enriquezcan. «Según el Concilio de Educación Básica, mientras el promedio de estudiantes de primer grado lee solamente 350 palabras de una cartilla, su vocabulario por *oír* se aproxima a las 10,000.[3]

Cuando usted lee a sus hijos en alta voz, aprenden a asociar buenos libros con tiempos agradables. Los libros Narnia de C.S. Lewis permiten una lectura familiar maravillosa. No solamente se los leímos a nuestros hijos en voz alta, sino que ellos los volvieron a leer en la secundaria, y Todd, nuestro hijo mayor, los siguió leyendo a sus compañeros de cuarto en la universidad.

Cuando el padre y la madre cuentan las historias, pueden detenerse y explicarlas, contarlas una y otra vez, reorganizarlas y adaptarlas para el niño (Bruno Bettelheim).

Paso número dos: Reconozca los engaños en las revistas

☐ Analice con sus niños, cuando sea apropiado, las muestras de revistas. Revisen los títulos y señalen lo que es falso. Además de una amplia selección de revistas poco confiables para los adolescentes, yo veo el «Diario de yoga», «Oriente Occidente», «Mezcla mágica», «El tambor del shaman», «OVNI», «Hinduismo hoy» y «Meditación». Si todavía no se ha encontrado con este material, pronto lo verá.

---

3. Jim Trelease, *The Read Aloud Handbook* [Manual de lectura en voz alta], Penguin, New York, 1987, p. 40.

☐ Comprenda que las revistas han cambiado. El número de enero de 1989 de «Diecisiete» traía tres artículos principales:

–«Balneario ostentoso». «¡Al fin... tu familia ha desaparecido, y la casa es toda de ustedes!»

–«Niños malos. ¿Por qué los amamos?» «Un simpático y buen niño que tiene la misma cantidad de experiencia que tú tienes... simplemente no podrá hacerte sentir sexy y suficientemente adulta».

–«¿Estás lista para tener relaciones sexuales?» «Hasta que no tengas... un método para controlar los embarazos... [y conozcas la historia sexual de tu amiguito] no estarás lista».[4]

En la página del índice verá a una muchacha posando seductoramente en medias negras, minifalda negra, una chaqueta de cuero negra, abierta para mostrar un pecho desnudo excepto por un sostén de metal enrejado negro. Título: «Algunas personas están realmente cómodas con el metal. Ellas insisten en él, aun en lugares poco usuales... Swatch [el reloj] te da más que la hora del día».

Paso número tres: Esté alerta a los engaños en los libros

☐ Una versión del Cristianismo sin cruz llena la mentira de la Nueva Era de que todos pueden ser uno, con o sin Jesús. Niega la necesidad de redención del hombre y, en efecto, hace del hombre su propio salvador. «Porque la palabra de la cruz es locura a los que se pierden; pero a los que se salvan, esto es, a nosotros, es poder de Dios» (1 Corintios 1.18).

☐ Examine los libros de regalo para niños. Comente sus observaciones con su hijo. Algunos atractivos libros de Audrey y Don Wood están llenos de engaños de la magia de la Nueva Era. Otros libros de pintar, como «El manual de las brujas»

---

4. *Seventeen [Diecisiete], enero de 1989, pp. 92, 82, 12.*

por Malcolm Bird, tratan la brujería como un juego que todos pueden disfrutar.

☐ Examine la poesía contemporánea para niños. En tanto que algunos poemas son magníficos, otros son grotescos y macabros.

☐ Examine los libros de juegos de fantasías. Ellos hacen de *usted* el héroe, pero ¿qué creencias está usted siguiendo? ¿Qué cuadros mentales creará su imaginación? Al hacer usted decisiones apropiadas a la historia, ¿no vendrán fuerzas ocultas a ser parte de su pensamiento? Algunos títulos le parecerán inmediatamente sospechosos, como «Mares de sangre» y «Castillo de la muerte», pero otros muchos parecerán inocentes.

☐ Esté al tanto de lo que leen los compañeritos de su hijo. Converse acerca de su influencia con su hijo. Durante el invierno de 1989, varios de los compañeritos de octavo grado de David leyeron «El ciclo del hombre lobo» por Stephen King, un maestro del horror oculto.

☐ Un nuevo tipo de libros de chistes ha cautivado a los lectores. El objeto del humor puede ser el sexo, el matrimonio, los padres, o Dios. Algunas de las ilustraciones pueden ser pornográficas. Aunque necesitamos desesperadamente de un sentido del humor, no necesitamos reírnos de la corrupción ni deleitarnos en la inmoralidad. Dios quiere que nos amemos, nos aceptemos, y nos perdonemos los unos a los otros. Pero también nos dice que debemos disciplinarnos y controlar nuestra naturaleza humana. Estudie estos versículos con su hijo: Levítico 11.44, 20.26; y Mateo 5.6, 8. Repase Romanos 12.1-2, 9, y 13.14.

Paso número cuatro: Revise su biblioteca

☐ Hágase amigo del bibliotecario. Conozca las reglas y limitaciones de la biblioteca. Conozca su definición de literatura para adultos y averigüe si los niños tienen o no acceso a ella.

Muchas de las personas que hacen decisiones parecieran negar las diferencias esenciales que separan la niñez de la adultez. Los niños no tienen el conocimiento, la sabiduría, o la experiencia para hacer decisiones adultas y asumir responsabilidades de adultos. Cine, televisión y libros para adultos constituyen estímulos de adultos que los niños no están preparados para manejar.

La «Declaración de Derechos» de la Asociación de Bibliotecas de los Estados Unidos establece que, sin importar edad, *todas* las personas tienen acceso ilimitado a *todo* material de la biblioteca[...] En principio esto elimina la distinción entre secciones juveniles y de adultos[...] ¡Los niños tienen acceso a *todos* los libros! ¿Quién dio a la Asociación de Bibliotecas de los Estados Unidos el derecho de hacer tan importante decisión? (Foro Pro Familia).[5]

☐ Revise cuidadosamente los libros promocionados en exhibidores especiales para niños y para jovencitos (adolescentes). ¿Están promoviendo religiones anticristianas o valores bajos? ¿Promueven las biografías filosofías sociales que se oponen al cristianismo? ¿Se mantiene un balance con otros puntos de vista? Si no es así, nuestras bibliotecas pueden ser —como los medios de comunicación— una fuerza política con increíble poder para influir en los niños según sus propios prejuicios.

☐ Comente sus preocupaciones con el bibliotecario. Revise las instrucciones en el capítulo 2. Sugiera soluciones. Aunque las bibliotecas locales exponen sus valores, la Asociación de Bibliotecas de los Estados Unidos niega la necesidad de proteger a los niños de cierta clase de literatura e ilustraciones para adultos.

---

5. «*X-Rated Children's Books*» [Libros clasificados X para niños], Foro Pro Familia, P.O. Box 8907, Fort Worth, Texas 761240.

Paso número cinco: Forme un frente en la batalla por la verdad

☐ Continúe orando con otras familias cristianas pidiendo de Dios sabiduría y dirección.

☐ Escriba a los anunciantes en revistas ofensivas. Bajo el liderazgo del doctor Dobson, un diluvio de protestas de los padres en contra del estilo de *Sassy* hizo que se retiraran algunos de sus más importantes anunciantes. La consecuente presión financiera parece que hizo que *Sassy* fuera más responsable en su información.

☐ Mantenga al día una biblioteca en la iglesia y anime a otras familias a que la respalden y la usen.

☐ Deje que Dios le aliente con pasajes bíblicos que prometen victoria a todos aquellos que confían en Él y le siguen. Vea Salmos 25.1; 4-5; Éxodo 14.13-14; Deuteronomio 1.30; 20,1,4.

LECTURAS SUGERIDAS

The Read Aloud Handbook [Manual para lectura en voz alta], por Jim Trelease

Honey for a Child's Heart [Miel para un corazón de niño], por Gladys Hunt.

CAPÍTULO QUINCE

Música y sentimientos paganos

Para el hombre primitivo, la música no es meramente recreación o una forma de autoexpresarse, sino que es una parte integral del mundo en el cual vive[...] A través de la música encuentra un vínculo con lo sobrenatural (Enciclopedia Británica).

Lo único que aprendí de Hitler fue la idea de la juventud nazi[...] Los jóvenes de hoy son los dirigentes de mañana. Ellos son jóvenes, se les puede lavar el cerebro y reprogramarlos (Nikki Sixx de la banda de rock «Motley Crüe»).[1]

Aventuras en el mundo de Zen, sexo gratis y drogas para expandir la mente durante la década de los sesenta abrieron caprichosos caminos hacia la conciencia «superior». El cabello largo de aquellos días era simplemente un signo de barreras rotas, rebelión contra la autoridad y formas experimentales de vivir... y de morir.

La música nutrió esta liberación. Convocó, enseñó, inspiró y unificó a los buscadores. Los que cantaban las mismas palabras sentían el mismo ritmo y asimilaban las mismas visiones.

Como la espiritualidad de la Nueva Era, la música de la Nueva Era se ha desarrollado a través del sincretismo: una mezcla de sueños contemporáneos, viejo paganismo, religiones orientales y moderna tecnología. La cubierta del álbum *Pioneros de la Nueva Era* de Windham Hill, resume la emoción del descubrimiento:

---

1. *The Power of the Young* [El poder de la juventud], columna «Star Rap», *Faces Magazine*, 19 septiembre de 1984, p. 50.

> *Fue como el experimento malogrado de un jardinero al efectuar una polinización cruzada. Cada diferente tipo de música fertilizó a la otra, produciendo un maravilloso y florido híbrido. John Coltrane mezcló jazz con música oriental. Bob Dylan mezcló música folklórica con poesía rítmica y guitarras eléctricas. Jimi Hendrix y The Beatles [añadieron] electrónica y multipistas.*

Han emergido dos diferentes formas de música. Una, los sonidos ambientales etiquetados «Música de la Nueva Era», fluye de una creciente fascinación con religiones meditativas orientales. Es dulce, a veces relajante tono monótono y a menudo encantadora. Apelando al anhelo espiritual del hombre por paz interior y armonía con la naturaleza, es *por lo general* inocua a menos que esté acompañada con visualizaciones de la Nueva Era. Sin embargo, el número de cintas compuestas para inducir estados de trance está creciendo.

La otra forma —ruidosa, rock físico— desvergonzadamente ostentosa de lo falso o valores ocultos, imágenes, ritmos y expresiones verbales, ha capturado los corazones y las mentes de los niños alrededor del mundo.

Superficialmente, las dos formas parecen opuestas a lo que proclaman: paz interior o violencia sensual. Pero apuntan en la misma dirección: la unión con el ángel de luz, el dios de las fuerzas, quien quiere inmunizar a los niños en contra de la verdad y persuadirlos a adorar ídolos.

> Tú hipnotizas a la gente [con música] para que vuelvan a su estado natural, el cual es positivamente puro... y cuando logras que la gente esté en su punto más débil, les puedes predicar al subconsciente lo que queramos decirles (Jimi Hendrix).[2]

---

2. Robin Richman, *An Infinity of Jim* [Un infinito de Jimi], *Life*, 3 de octubre de 1969, p. 4.

Antiguas formas de la música de la Nueva Era

La Nueva Era incluye tanto el lado oscuro como el hermoso de lo malo. La mente detrás de la atractiva máscara odia a Dios y todo lo que Él representa. Así, la música de la Nueva Era incluye no solamente los sonidos suaves, de tendencia hipnótica que fluyen de sintetizadores electrónicos, sino todo el rango de música que alaba el atractivo de la Nueva Era, y para alcanzarlo sugiere el uso de la meditación, la magia y las drogas.

El intento del hombre por trascender los límites del mundo físico a través de la música se entrelaza a través de la historia de la humanidad. Mientras Dios alentaba a su pueblo a adorarlo y entrar en su presencia a través de canciones de alabanza, Satanás —como siempre lo hace con los mejores dones de Dios— proveyó una falsificación. Así, las sociedades paganas usaron la música para conectarse con otros dioses. Nevill Drury, quien en su manual «Música para el espacio interior» promueve la meditación y visualización de la Nueva Era, señala hacia antiguas culturas como modelos para hoy.

> *En sociedades donde lo mágico y lo místico definen e influyen en la existencia de cada día, el hombre aspira a ser como los dioses y a imitarlos, adquiriendo de ese modo dominio de la naturaleza... Tanto en las sociedades primitivas como en las antiguas culturas, los encantos mágicos y las canciones son una fuente de poder.*[3]

En India, el antiguo *ragas* hindú estimulaba la imaginación. Drury explica que el componente de monotonía —el canto incambiable basado en una sola nota— sostiene la música y «meditativamente hace de cada actuación musical un "viaje interior". Uno literalmente viaja con la música, seducido hacia nuevas áreas de conciencia».[4]

---

3. Nevil Drury, *Music for the Inner Space* [Música para el espacio interior], Prism Press, Dorset, California, 1985, p. 21.
4. *Ibid.*, 28.

Ritmos repetitivos y patrones musicales *mántricos* son usados universalmente para inducir estados de trance. Sin embargo, nosotros podemos elegir entre el estado alterado de rendirnos a la música y ser «poseídos» por sus intoxicantes ritmos, o «manejar» la música o los golpes de tambor en nuestro propio viaje al mundo interior.

En la primitiva África y en Sudamérica, el médico brujo hacía las veces de mediador entre la tribu y los espíritus demoníacos. El tambor sagrado —acreditado con poderes mágicos— junto con drogas alucinógenas (brujería) inducían trances que los transportaban al mundo de los espíritus. Ahí recibían instrucciones.

Obo Addy, un tamborero y cantante de Ghana dijo: «Mi padre era médico. Él decía el futuro y sanaba a los enfermos. La música invocaba a los espíritus que poseían a mi padre».[5]

En la ceremonia a veces participaba toda la tribu. Intoxicados por el golpeteo del tambor, los danzantes finalmente se rendían ante el persuasivo ritmo y entraban en un estado de trance. Una descripción de la macumba brasileña finaliza con esta observación: «Si yo estaba buscando un gozo estúpido, estaba aquí, en una danza con el cerebro desconectado y el cuerpo recibiendo órdenes directamente del tambor».[6]

Los musicólogos Manfred Clynes y Janice Walker explican que «el sistema nervioso central transforma el ritmo musical en un patrón de movimiento». Esta «experiencia de sonido rítmico está lejos de estar bajo control; nosotros somos *controlados* por él».[7] Nevill Drury explica:

5. Kathleen Donnely, *Giving Voice to the Magic of Africa's Talking Drums* [Dando voz a los mágicos tambores que hablan de África], *San Jose Mercury News*, 7 de abril de 1989.
6. Drury, 18, citando a A. J. Langguth, «Macumba», 1975, p. 70.
7. Manfred Clynes (ed.) *Music, Mind and Brain* [Música, mente y cerebro],

Los ritmos que inducen al estado de trance son repetitivos, energéticos, y a menudo ruidosos y aplastantes. Con ritmos vibrantes, que por lo general conducen a un clímax, ellos dirigen al danzante lejos del ambiente familiar de su mundo de todos los días, a una atmósfera de pulsaciones desorientadora. En el vudú, se llega al punto de que los dioses loa poseen y «conducen» a los sujetos en trance como si fueran caballos, mientras en África los danzantes imitan los movimientos y pisadas de los espíritus que los poseen.[8]

El intoxicante mensaje del rock

El rock duro y el metal pesado han ascendido hasta el estrellato, aun entre los niños. El metal pesado «difiere de otras formas de rock por sus bombásticos acordes, sus chillonas primeras guitarras, sus cantantes de voces chocantes y un estilo de percusión tipo demolición».[9] Dave Hart, un analista investigador para los Ministerios Menconi, identifica tres clases de música de metal.

☐ «Fiesta metal», el estilo más popular, hace énfasis en el sexo, las drogas, las fiestas y la vida hoy sin pensar en mañana. «Esto es lo que está llegando al ranking musical: Bon Jovi, Motley Crüe, Def Leppard», explica Hart. «Hay muy poco ocultismo abierto».[10]

Enseña, sin embargo, algunos de los mensajes favoritos de Satanás: *Sigue tus sentimientos* y *Vive la lujuria.* El simple sexo explícito ya ha dejado de ser suficientemente chocante, por lo cual la «fiesta metal» ha declinado hasta el nivel de sexo pervertido, cruel y violento «el rock porno» tal como la canción de «Judas el sacerdote» sobre sexo oral bajo amenaza de muerte por un tiro.

Plenum Publishing Corporation, New York, 1982, p. 174.

8. Drury, p. 18.
9. Jeff Lilley, *Dabbling in Danger* [Pasatiempo peligroso], *Moody Monthly*, marzo de 1989 p. 17.
10. Dave *Hart, Heavy Metal Madures* [La locura del metal pesado], Cardiff, California, Ministerios Menconi, 1989, pp. 3.9

☐ «Metal golpeado» une la música *punk* y el metal pesado en un enfoque perverso de violencia y muerte. «Ochenta y seis formas de morir» es el tema de la mitad de estos álbumes»,[11] explica Hart. La cubierta del disco ostenta odiosos mensajes tales como *Asesinar es mi negocio y el negocio es bueno* de Megadeth; *Mátalos a todos*, de Metallica, y *Diseminando la enfermedad* de Antrax.

En sus conciertos, los «cabezas de metal» o fanáticos «sacuden sus cabezas y cabelleras vigorosamente al compás de la música. Muchos se tambalean y se echan unos sobre otros en un estilo salvaje de danza llamado *moshing* los *punkers* la llaman *slam dancing*. Pobres de aquellos que caen bajo los pies de aquel febril tropel».[12]

La sobreexposición a imágenes de violencia nos insensibiliza a la violencia. Porque ahora se requiere más y más violencia para hacernos sentir choqueados y asqueados, la violencia en los medios de comunicación ha llegado a ser más y más gráfica para que sea rentable. Nos hemos transformado en adictos, y estamos propensos a una sobredosis (Tipper Gore en *Raising PG Kids in an X-Rated Society* [Criar niños inocentes en una sociedad supercensurada]).

☐ «Metal negro» es satánico. La solapa del álbum exhibe dibujos grotescos de calaveras, cadenas, sangre, demonios, cabezas de chivos en pentagramas y remedos de cruces. Los títulos proclaman el poder de la maldad sobrenatural: *Invasión bestial*, de Destrucción; *El infierno espera*, de Slayer; *Desde el infierno a lo desconocido*, de Venom; y «El número de la Bestia», del álbum *Vida después de la muerte.*

---

11. Lilley, p. 3
12. Hart, p. 2.

Es posible que los músicos personalmente practiquen el satanismo o simplemente toquen, pero su valor chocante no importa mucho a los niños que absorben los mensajes. Indudablemente, la imagen de vampiro de Ozzy Osbourne babeando sangre y cantando acerca de «un demonio clasificado X que vive en mi cabeza»[13] ha inspirado fascinación ocultista en los corazones de sus jóvenes adoradores quienes han llegado más allá del miedo. Seguramente las imágenes del ritual de Venom en la canción «Sacrificio» ha alimentado esa curiosidad. «Sacrificio a Lucifer.../Trae el cáliz/Alza el cuchillo/Bienvenido a mi sacrificio...[14]

Al dar completa libertad a la satisfacción de los deseos naturales, muchos jovencitos aprenden a anhelar el más chocante, ruidoso y brutal entretenimiento disponible.

Cuando gobiernan las tinieblas

Una de las definiciones del diccionario para la palabra *musa*, la raíz de la música, es «la personificación de un genio guía o principal fuente de inspiración».

El hombre tiene dos principales fuentes de inspiración fuera de sí mismo: Dios y Satanás. Cuando los dos comunican sus pensamientos a escuchas dispuestos, el último es un mentiroso agresivo que desea desatar la rebelión en contra de Dios (Véanse 1 Crónicas 21.1; Juan 3.2, 27; Hechos 5.3; 13.10; Efesios 2.2-5).

Muchos cantantes populares han reconocido sus vínculos a una fuente sobrenatural de inspiración que no es Dios. Por ejemplo, Joni Mitchell admitió ser gobernada por «una musa

---

13. Ozzy Osbourne, «No Bone Movies», *El mago de Oz*, Jet Music Ltd., CBS, 1981.
14. Venom, *Sacrific* [Sacrificio], *Aquí yace Venom*, Neat Music, Combat Records MX8062. Escrito por Dunn, Bray, Lant. Citado en Tipper Gore, *Raising PG Kids in an X-Rated Society* [Criar niños inocentes en una sociedad supercensurada], Abingdon Press, Nashville, 1987, p. 120.

masculina llamada Art», quien le abrió «el santuario de la creatividad».[15] Angus Young de AC/DC confesó: «Alguien más me está guiando. Yo sólo dejo que me lleve. Soy poseído cuando estoy en el escenario».[16]

El hecho es que la mayoría de los cantantes de rock miran hacia ellos mismos, las drogas y el alcohol buscando inspiración, y conscientemente hacia Satanás o espíritus guías, pero esto cumple perfectamente el plan del engañador. Porque él es un maestro para usar para sus propósitos deseos no controlados.

Dios nos dice que no nos demos por vencidos con aquellos que están atrapados en el engaño. En lugar de eso, nos alienta a hablar la verdad en amor para que «escapen del lazo del diablo en que están cautivos a voluntad de él» (2 Timoteo 2.26).

¿Qué aprenden los niños?

«Se calcula que los niños pasan de cuatro a seis horas al día con la música. Se levantan con ella, se visten con ella, hacen sus tareas con ella y se acuestan con ella. Esto significa sobre 11,000 horas escuchando música únicamente entre los grados siete y doce».[17]

¿Ponen realmente los niños atención a las palabras? Bob DeMoss, ex «discjockey» y músico de rock, viaja a través de todos los Estados Unidos hablando con padres, maestros y profesores, y con niños. Somete a un examen a los estudiantes de la escuela primaria para probar que los niños aprenden las

---

15. *Rock'n Roll's Leading Lady* [La dama guía del Rock 'n' Roll], *Time*, 16 diciembre 1974, p. 63.
16. *Rock and Roll: A Search for God* [Rock and Roll: Una búsqueda para Dios], videocasete con Eric Holmberg, Reel to Real Ministries, P.O.Box 44290, Pittsburgh, PA 15205, citando a Angus Young, *Hit Parade*, julio 1985, p. 60.
17. *Rising to the Challenge* [Enfrentando el desafío], una presentación educacional en video, Centro de recursos musicales para padres, Arlington, Virginia, 1988.

letras de las canciones y a menudo entienden el mensaje para adultos. Al preguntarles acerca del título de la canción de Samantha Fox, «Tócame, (yo quiero tu______)» el ochenta por ciento de los alumnos del cuarto grado escribieron en el espacio libre, la palabra «cuerpo». La obvia familiaridad les capacitaba para cantar las palabras de la seductora «Yo quiero tu sexo» de George Michael.[18]

El doctor Joseph Stuessy, profesor de teoría de música en la Universidad de Texas, en San Antonio, argumenta: «Hay un nuevo elemento en la música, una maldad de espíritu —declaradamente odioso— que no estaba presente en los primeros días del rock».[19] La gente es más proclive a recordar un mensaje musical que palabras dichas solas. Cuando usted agrega el hecho de que la repetición asimila el mensaje, la suma es PELIGRO.

La mayoría de la música rock y los conjuntos de metal pesado —ya sea mediante discos, el canal de música en televisión MTV, o conciertos— machacan los siguientes mensajes anticristianos en las mentes de los niños.

☐ Rechaza a Jesucristo. Las cubiertas de los discos exponen un odio increíble a Cristo. Llenas de toda clase de cruces, ensangrentadas y rotas, cubiertas de musgo, vueltas hacia abajo, y comunicando un mensaje oculto al estar vueltas hacia arriba, se mofan del símbolo de la victoria de Cristo. El disco de Metal Church *Blessings in Disguise* [Bendiciones en disfraz], distorsiona el cristianismo con canciones con títulos tales como «Sanador farsante» y «Descansa en pedazos».

Venom vomita su rabia en la cubierta de *Bienvenido al infierno*: «Estamos poseídos de todo lo que es malo. Demandamos la muerte de tu Dios».[20]

---

18. Peggy Mann, *How Shock Rock Hernus our Kids* [Cómo el rock daña a nuestros niños], *Reader's Digest*, Julio 1988, p. 102.
19. *Ibid.*, p. 102.
20. Venom, *Bienvenido al infierno*, Combat Records, 1985.

Craig Chaquico de *Jefferson Starship*, proclama una religión alternativa: «Los conciertos de rock son las iglesias de hoy. La música los pone en un plano espiritual. Toda la música es Dios».[21] «Es malo ser bueno», proclama Poison,[22] ilustrando la típica ideología satánica.

En su video, *Luce a Virgin* [Como una virgen], Madonna se hace ella misma el objeto de adoración. Vestida con una camisa transparente y una cruz, la diosa del sexo se retuerce seductoramente en un decorado resplandeciente con candelas y cruces de una iglesia mística. Al igual que un antiguo culto de prostitutas, ella mezcla la lujuria sexual con la adoración espiritual, una fórmula ocultista que ha probado su magnetismo.

□ La promiscuidad sexual, perversión y violencia. Los niños que escuchan las canciones de Prince mientras hacen sus tareas, escuchan letras como ésta, del álbum *Mente sucia*: «Mi hermana nunca hace el amor/Con nadie más que conmigo.../Incesto es todo lo que se dice ser».[23]

El muy popular Guns N'Roses llegó hasta la cima con el álbum con que debutaron, *Appetite for Destruction* [Apetito de destrucción], del cual vendieron más de siete millones de ejemplares. Este conjunto toca para «los niños» y los niños los aman. Pregúntele a cualquier niño no cristiano de nueve o diez años. Luego analice el impacto de canciones como *Cualquiera cosa va* en la mente de un niño: «Los calzones alrededor de tus rodillas/Con tu trasero en desperdicios». Las siguientes líneas presentan una gráfica imagen de la relación sexual, luego la canción termina con una insinuación de sadomasoquismo: «Amarrados arriba, amarrados abajo/Arriba contra la muralla/Sé mi pequeña de goma/Y podremos hacerlo todo».[24]

---

21. *Rock and Roll: A Search for God* [Rock and Roll: Una búsqueda para Dios], citando a Bay Area Magazine, 1 febrero 1977.
22. Poison, *Open up and Say Ah* [Comienza y di Ah], Capitol Records.
23. Prince, *Sister* [Hermana], *Dirty Mind* [Mente sucia], Warner Brothers Records, 1980.
24. Letra incluida en Guns N' Roses, *Apetito de destrucción*, Geffen Records, Warner Brothers Communication Co., 1987.

La cubierta original del álbum *Apetito de destrucción* mostraba a una mujer con el busto desnudo tumbada en la acera con sus bragas abajo. Un monstruo/robot estaba encima de ella, mientras una enorme criatura voladora con pequeñas figuras rojas demoníacas pegadas permanecía arriba. Después de muchas protestas, la escena de la violación fue reemplazada por una cruz con cinco calaveras, una por cada miembro del grupo, pero la controversial escena fue impresa en la parte interior.

Las canciones de hoy no solamente glorifican el sexo de todas las formas, sino que promueven el mito de que las niñas disfrutan ser violadas y el sexo sádico y violento. Palabras tales como *disparo* y *balas* y *revólver* pueden referirse a la acción y anatomía del sexo en vez del asesinato. ¿Qué aprenden los niños de estos mensajes dobles? El doctor Stuessy responde con una alarmante pregunta:

> *¿Qué pasaría si yo fuera hoy un impresionable niño de quince años? Mis héroes de rock me habrían dicho que es normal tener relaciones sexuales en una cita, y que este es un acto violento[...] A la muchacha con la que me voy a ver la cortaré, la rebanaré y le dispararé sexualmente. Debo estar bien consciente de ejercer mi masculinidad. ¡No quiero que la muchacha, quien por todo lo que sé es «experimentada», piense que soy un mentecato! ¡La voy a clavar a la cama y hacerla chillar de dolor! ¡Amigo, esta cosa del sexo sí que es grande!*[25]

Tipper Gore responde: «¿Puede haber algo peor que ser una niña adolescente, teniendo que lidiar con niños adolescentes que están sicológicamente preparados para cortar, rebanar y disparar? Sí, una niña adolescente programada para aceptarlo».[26]

---

25. Gore, pp. 89.
26. *Ibid.*, p. 90.

☐ Abusar de las drogas y el alcohol. La letra de algunas canciones y los testimonios personales ensalzan las delicias de la intoxicación por químicos o por lo sensual. En la arrolladora contradicción del estilo de vida de muchos roqueros aturdidos por las drogas, de vez en cuando surgen débiles advertencias. Engullendo su whiskey favorito durante los conciertos, y cantando acerca de las normas y técnicas para abusar de las drogas, modelos idolatrados —como el flautista de Hamelin— arrastran a los niños a una profunda trampa de estupidez, histeria, sensualidad y violencia.

Un reportero de *The Boston Globe* preguntó a Nikki Sixx, del grupo Motley Crüe (quien hizo gala de su afición a las drogas y Jack Daniels): «¿Alguna vez has pensado dos veces acerca de tu influencia en los adolescentes?» «No», replicó el roquero: «Yo creo que tenemos un mensaje muy positivo. Es un mensaje muy estadounidense: Vive libre, exprésate tú mismo, y le toca a la juventud cambiar al mundo. Además, pasa un buen momento».[27]

☐ Suicidio y muerte. Muchos expertos relacionan los seis mil (y están aumentando) suicidios anuales de adolescentes a «la depresión alimentada por la música rock y las letras que embellecen la violencia sádica y el abuso de drogas, tanto como el suicidio mismo».[28] El informe del juez en el caso de John McCollum de diecinueve años de edad, de Indio, California, dice: «El occiso cometió suicidio disparándose en la cabeza con una pistola calibre 22 mientras escuchaba música diabólica».[29]

John, quien murió con los audífonos de su estéreo en las orejas, había estado escuchando en la canción: «¿Solución? Suicidio» de Ozzy Osbourne, sugerencias tales como «el suicidio es el único camino de salida».

---

27. *Ibid.*, p. 149.
28. Mann, p. 103.
29. *Ibid.*

Se creía que la forma de prevenir el suicidio entre los adolescentes era tratar la depresión[...] Eso es una falacia. Este no es el caso con estos niños. En lugar de ser clínicamente depresivos, estos jóvenes víctimas del suicidio son impulsivos, y representan fantasías (doctor Mark Rosenburg, Conferencia en 1988 de la *American Society of Suicidology*).

☐ Lo oculto. «Me gusta beber sangre de una calavera y torturar mujeres en el escenario»,[30] dice Blackie Lawless, maestro del *shock rock*, de W.A.S.P. Las cosas que usa en sus conciertos hacen pensar que hace lo que dice.

Una pequeña muestra de las horrendas consecuencias de aficionarse a lo oculto se ha hecho pública en los años recientes. Historias demasiado horribles para ser entendidas, como aquella de Tom Sullivan, de catorce años de edad. En enero de 1988, después de una asignación en clase para investigar diferentes religiones, Tommy quedó fascinado con el satanismo. Soñó que Satanás le había dicho que matara a su familia. Por lo tanto, mató a su madre con su cuchillo de Boy Scout, trató de incendiar la casa, se acuchilló sus propias muñecas y garganta, y murió afuera en la nieve. En su diario, «Libro de Sombras», había escrito:

> *A los más grandes demonios del infierno: Yo, Tommy Sullivan, quisiera hacer un solemne intercambio con ustedes. Si ustedes me dan el más extremo de todos los poderes mágicos[...] Yo voy a matar a muchos seguidores cristianos que son serios en sus creencias[...] Voy a tentar a todos los muchachitos sobre la tierra para que tengan sexo, tengan incestos, usen drogas y los adoren a ustedes. Yo creo que el malo una vez más se levantará y conquistará el amor de Dios.*[31]

30. Gore, p. 47, citando «Una conversación exclusiva con un actor de espanto, Blackie Lawless», *RockLine*, Abril 1985, p. 14.
31. Jeff Lilley, *Evil in the Land* [El diablo en la tierra], *Moody Monthly*, Marzo 1989, p. 14.

Durante la semana anterior, Tommy, cuyo cuarto estaba decorado con afiches de sus músicos favoritos de *heavy metal*, había estado cantando una canción «acerca de sangre y de matar a su madre».[32]

La gente es arrastrada al satanismo por la música[...] Cuando usted tiene esta música tocando vez tras vez todo el tiempo —Megadeth, Slayer, Metallica— y está oyendo alabanzas al diablo[...] y a los ideales de lo malo, usted empieza a disfrutar aquello (Pete Roland, asesino satánico).[33]

Bon Scott, de AC/DC murió poco después de haber grabado *Carretera al infierno*. Se asfixió con su propio vómito uniéndose a Jimi Hendrix y muchos otros ídolos del rock, bebedores duros y abusadores de droga.

AC/DC pronto encontró a un nuevo cantante, pero se puede oír el mismo espíritu de mofa cuando chilla aquellas palabras increíblemente arrogantes de «Vuelta a lo negro» a velocidad creciente: «Estoy libre de la soga.../ Con mis nueve vidas... voy corriendo como loco». Sin duda que así es. En «Campanas del infierno», él susurra: «Tengo mi campana. Te voy a llevar al infierno».[34]

«Hay una batalla en desarrollo y el campo de batalla son los niños», dice Doug Raley, director de *Frontline Ministries* en Central Oregon. «Hay pérdidas y víctimas[...] Es una guerra física y espiritual, tan real como la Guerra de Vietnam».[35]

---

32. «Niño se transforma en asesino tras intereses ocultistas», *San Jose Mercury News*, 13 de enero de 1988.

33. *Geraldo*, 14 de agosto de 1989.

34. AC/DC, *Vuelta a lo negro*, Atlantic Recording Corporation, Warner Communications Co., 1980.

35. Renoe Meltin, «Imágenes de satanismo escondidas en discos, filmes, televisión», *Bend Bulletin* [Oregon], 9 de octubre de 1988.

☐ Un gobierno mundial. Mientras el lado oscuro del ocultismo domina abiertamente, un asalto igualmente siniestro se esconde detrás de la brillante mentira de una paz universal. Conciertos espectaculares de rock 'n' roll, como «Live Aid» y «Freedomfest» han juntado a ídolos del rock y a billones de adoradores a través del mundo en celebraciones mundiales de visiones globalistas. Con «Nosotros somos el mundo»,[36] proclamaban sin darse cuenta que estaban celebrando una unidad fraudulenta basada en el monismo de la Nueva Era: Todo es uno.

Muchos artistas mundiales que proclaman el surgimiento de la conciencia de la Nueva Era así como ideologías políticas izquierdizantes, han sido reconocidos por su preocupación social. ¿Qué enseñan ellos? Una canción popular, «Cuando los niños lloran» del álbum *Orgullo* por White Lion tipifica el mismo sentimiento antiestadounidense y de un solo mundo que vimos en la educación globalista: «No más presidentes/Y todas las guerras terminarán/Un mundo unido bajo Dios».[37]

Su dios no es nuestro Dios, como se hace evidente en otras canciones de *Orgullo*. No habrá un mundo unido y en paz sino hasta que «en el nombre de Jesús se doble toda rodilla... y toda lengua confiese que Jesucristo es el Señor» (Filipenses 2.10-11). Entre ahora y aquel gran día, el mundo será engañado para esperar una religión y un gobierno mundial. Se adorará al gobernador de ese «único mundo unido», el anticristo, el cruel y astuto pelele de Satanás (Apocalipsis 13.8). Mientras tanto, se nos recuerda que:

> *No somos de la noche ni de las tinieblas. Por tanto, no durmamos como los demás, sino velemos y seamos sobrios, habiéndonos vestido con la coraza de fe y de amor, y con la esperanza de salvación como yelmo (1 Tesalonicenses 5.5-8).*

---

36. Por Lionel Ritchie y Michael Jackson.
37. White Lion, *Orgullo*, Double Trouble Productions, Inc., 1987.

CAPÍTULO DIECISÉIS

¿Qué pueden hacer los padres acerca de los sentimientos paganos?

Los verdaderos héroes de hoy son los padres, tratando de criar a sus hijos en un ambiente que parece ser más y más hostil a la vida de la familia. La música y los medios de comunicación inundan el mundo de sus hijos con glorificación de las drogas y violencia y perversidad. Y no hay nada que ellos puedan hacer al respecto, se les dice, debido a la Primera Enmienda[...]

Yo no creo que nuestros Padres Fundadores hayan pensado alguna vez en crear una nación donde los derechos de los traficantes de la pornografía tuvieran precedencia sobre los derechos de los padres, y a la violencia y a la malevolencia se les diera libre dominio para hacer rapiña de nuestros niños (Presidente Ronald Reagan, octubre de 1985).

Mientras los Estados Unidos fueron predominantemente cristianos, la presencia del Espíritu Santo controló las actividades ocultistas. Hoy, como la rebelión contra Dios se intensifica, y como los cristianos flirtean con el mundo y apagan el Espíritu de Dios, las fuerzas demoníacas están arrasando. Muchos creen que el toque de tambor que hipnotiza a nuestros niños está también martillando un llamado al mundo entero a los poderes de las tinieblas.

Mientras algunos pueden rechazar esta teoría, todos estarán de acuerdo que la música tiene poder para influir y cambiar a la gente. Por esto es que solamente, en los Salmos se nos alienta más que sesenta veces a cantar al Señor. Cantando se afina, se confirma y se fortalece lo que se cree. El canto expresa la profundidad de nuestras almas. Las palabras que entran en las alas de la música tienden a anidar en nuestras mentes, y volver a nuestros pensamientos, sea que los llamemos o no.

Podemos combatir la decadencia contemporánea de la música al preparar a nuestros hijos para que escuchen los pensamientos de Dios, a que disfruten música y canciones que desarrollan la fe, y que basen todas sus acciones en la verdad de Dios.

Paso número uno: Escuchar a Dios, no al mundo

☐ Renueve su mente con la verdad (Romanos 12.2). Continúe estudiando diariamente la Biblia, no sólo para saber más sobre ella, sino para conocer y escuchar el corazón de Dios. El hablará a aquellos que lo aman y lo siguen (Juan 10.3-5; 14.21-27). Lea los siguientes pasajes de las Escrituras, buscando los mensajes de Dios. Analice sus instrucciones; se aplican a la música tanto como a otros tipos de influencias.

–¿Cuál es la actitud de Dios hacia lo malo? Salmo 97.10-11; Proverbios 6.16-19; 15.9,26; 21.4.

–¿Cuáles son las consecuencias de jugar con la maldad? Proverbios 1.29-33; 21.16.

–¿Cómo quiere Dios que yo responda al mal? Romanos 13.11-14; 1 Pedro 5.6-9; Salmo 1; 141.3-4; Proverbios 2; 14.7; 24.1, 21-22.

–¿Cómo quiere Él que yo viva cada día? Efesios 4.17-32; 5.3-21.

☐ Evite sugerencias y situaciones comprometedoras. Dios dice: «Huye de las tentaciones juveniles» (2 Timoteo 2.22). Esto no es fácil cuando la sociedad entera anhela sexo y violencia. No hace mucho, el metal pesado estaba en los linderos de la música como entretenimiento, y pocos lo escuchaban. Ahora está en el torrente central, se pavonea de la violencia y de las imágenes sexuales gráficas, tan dañinas como las que encontramos en las tiendas de pornografía.

«Una vez yo fui adicto a la pornografía», dijo Ted Bundy, el asesino múltiple que ya hemos mencionado anteriormente al doctor Dobson. «Siempre buscaba algo más potente, más explícito, materiales más gráficos... usted anhela más y más excitación hasta que alcanza el punto donde la pornografía no puede ir más allá».[1]

☐ Cuente con lo que Jesús hizo en la cruz. «Consideraos muertos al pecado, pero vivos para Dios, en Cristo Jesús, Señor nuestro[...] ni tampoco presentéis vuestros miembros al pecado como instrumentos de iniquidad, sino presentaos vosotros mismos a Dios» (Romanos 6.11, 13).

☐ Confíe en el Espíritu Santo y sígalo. Cuando los niños se vuelven de los absolutos morales al relativismo, se sienten incómodos en la presencia de Dios. Los que han desarrollado un apetito por lo inmoral, se esconden de Él. Al sentirse juzgados por su santidad, tienen dos alternativas: huir, o arrepentirse y recibir su amoroso perdón. La mayoría rehúsa romper sus ataduras con el estilo de vida sensual que viven. El apóstol Pablo escribió a los cristianos de Galacia que vivían en una sociedad pagana:

> *Andad en el Espíritu, y no satisfagáis los deseos de la carne. Porque el deseo de la carne es contra el Espíritu, y el del Espíritu es contra la carne; y estos se oponen entre sí, para que no hagáis lo que quisiereis[...]*
>
> *Y manifiestas son las obras de la carne, que son: adulterio, fornicación, inmundicia, lascivia, idolatría, hechicerías, enemistades, pleitos, celos, iras, contiendas, disensiones, herejías, envidias, homicidios, borracheras, orgías, y cosas semejantes a estas; acerca de las cuales os amonesto, como ya os lo he dicho antes, que los que practican tales cosas no heredarán el reino de Dios.*

---

1. «Mensaje de Ted Bundy, condenado a muerte: La pornografía es una adicción fatal», *Citizen* Marzo 1989, p. 15.

Mas el fruto del Espíritu es amor, gozo, paz, paciencia, benignidad, bondad, fe, mansedumbre, templanza[...] Pero los que son de Cristo han crucificado la carne con sus pasiones y deseos. Si vivimos por el Espíritu, andemos también por el Espíritu (Gálatas 5.16-25).

Paso número dos: Ayude a que su hijo escoja música que le enriquezca

¿Cuál es la buena música? Esta pregunta subjetiva no tiene una respuesta fácil en estos días de tan diversas selecciones y divididas preferencias. Mientras por un lado usted puede preferir la música clásica o la música cristiana de alabanza, a la mayoría de los adolescentes de hoy no les gusta. Si su hijo ha desarrollado un apetito por el «metal duro», usted debe comenzar un proceso de apartamiento lento, paso a paso.

☐ Pídale a Dios que lo dirija a elegir lo que Él quiere para su familia.

☐ Escuche la música que le gusta a su hijo. Desarrolle una atmósfera de amor, respeto y aceptación mutuos. Sea receptivo, comprensivo y dispuesto a apoyar. Analice los mensajes de las letras. Haga preguntas tales como: «¿Tú estás de acuerdo con esta letra? ¿Lo están tus amiguitos? ¿Qué ocurre en tu mente cuando te mantienes oyendo el mismo mensaje vez tras vez?»

☐ Estudien y compren música juntos. Examine las fundas de los discos, lea los títulos. Identifique los diferentes grupos. Hable acerca de valores, actitudes, conductas, e indumentarias promovidas por Madonna y otros ídolos. Recuerde que muchos títulos son engañosos. Por ejemplo, el grupo llamado «La Iglesia» toca música neo-sicodélica acerca de volcanes solares y viajes misteriosos y mágicos. En la canción más popular de su álbum, *Fe*, George Michael canta del sexo, no de Dios. Cuando él cantaba con el grupo Wham, su melodía más pegajosa enfatizaba la perversión y el sexo sadomasoquista. Por ejemplo: «El borde del cielo» sugiere que el sexo celestial se hace con ataduras, cadenas y chillidos.

La música llamada de la Nueva Era pareció no impresionar a la cultura juvenil sino hasta 1988, cuando el exitoso álbum de Enya, *Marca de agua*, la mezcló con una suave forma de rock. Ya que la puerta está abierta para nuevas variaciones, esté alerta a los sonidos hipnóticos y meditativos que tratan de producir estados alterados de consciencia. Escuche la letra que enseña la espiritualidad de la Nueva Era. Pero recuerde, la música de la Nueva Era es un gran paraguas que *bien puede* incluir música cristiana meditativa. Como Dios dijo en 1 Juan 4.1: «Probad los espíritus».

☐ Incluya a su hijo en la selección de la música para el hogar. Dígale por qué a usted le gusta cierta clase de música; hágale saber los beneficios que usted recibe. Explíquele que la verdad bíblica compagina con música que agrada a Dios y produce fe y fuerza espiritual en nosotros. Hágase estas preguntas:

–¿Honra y deshonra a Dios?

–¿Me anima a confiar en Él y a seguirle?

–¿Comunica el poder de Dios? ¿Del hombre? ¿O de Satanás?

–¿Enfoca mi mente en la gloria de Dios o en las fuerzas rebeldes de Satanás? (Filipenses 4.8; Col 3.1-3).

–¿Anima a adherir o a rebelarse en contra de los valores de Dios?

–¿Produce un anhelo por una forma de música más que por Dios?

–En los conciertos, ¿adoran los oyentes a Dios o a los músicos y cantantes? (Deuteronomio 5.7-8).

☐ Considere cómo su música congenia con sus metas personales. Hágase preguntas tales como: ¿Quiero estar cerca de Dios? ¿Quiero complacerlo? ¿Quiero disfrutar su paz y protección? ¿Qué pasa cuando escucho canciones que se oponen a la verdad?

Observe la meta de Pablo en Filipenses 3.7-10. Si usted elige la misma meta: conocer a Jesús, sentir sus sufrimientos, y vivir por su vida resucitada, el rechazo y la exclusión por su obediencia a Cristo serán como peldaños para alcanzar el triunfo.

☐ Ponga límites. Mientras no pueda monitorear lo que su hijo oye y ve cuando está en casa de sus amigos, usted *puede* decir no a cierta clase de música en su hogar. Explique sus preocupaciones. Muchos niños aceptan de buen grado los límites impuestos por los padres y los usan como excusas para decir no a sus compañeritos.

El doctor Bernard Sable, experto en jefe para consejos en el estado de Washington, comentaba después de un concierto de rock en Seattle, «Hay mucho que se puede decir de la música, del porqué atrae a multitudes de adolescentes. La música es estridente y primitiva; es insistente y fuertemente rítmica. Libera en una forma disfrazada todos los impulsos físicos del adolescente tenuemente controlados y recientemente adquiridos.

☐ Sugiera alternativas cristianas. Es posible que el mejor sustituto no sea el rock cristiano, pero es mucho mejor que el rock secular. Fíjese en la letra para estar seguro de que no distorsiona la Palabra de Dios. Si quiere tener información y sugerencias actualizadas, pídalas en su librería cristiana local o escriba a Ministerios Menconi, P.O. Box 969, Cardiff, CA 92007.

☐ Tenga cuidado de complacer a sus hijos proveyéndoles versiones «cristianizadas» de deleites paganos. Por ejemplo, agregar palabras bíblicas a un furioso «metal pesado» puede parecer más una mofa que música saludable. No sea como el viejo Israel, el cual anhelaba las prácticas corruptas de los vecinos paganos. Al agregar idolatría a la adoración tradicional, llegaron a ser ciegos espirituales y moralmente corruptos. Los enemigos invadieron su tierra, cuando «cada uno hacía lo que bien le parecía» (Jueces 21.25).

Paso número tres: Forme grupos de esfuerzo para cambios constructivos

☐ Póngase de acuerdo con otros padres sobre limitar las formas de música destructiva.

☐ Pida al líder de jóvenes de su iglesia que enseñe acerca de la música contemporánea.

☐ Póngase en contacto con el Centro de Recursos Musicales para Padres, el cual nos alerta sobre música rock pornográfica, nos reta a proteger a nuestros hijos, y promueve estándares y responsabilidad por parte de las compañías disqueras y radiodifusoras. Escriba a: Centro de Recursos Musicales para Padres, 1500 Arlington Blvd., Suite 300, Arlington, VA 22209.

☐ Oren juntos pidiendo dirección y victoria de Dios. Esté confiado de que Él está más preocupado que usted mismo por la salud espiritual de su hijo. Recuerde, mientras Él nos llama a unirnos a Él en sus batallas, el resultado final es seguro: Él ya ha ganado la guerra. ¡Déle gracias!

Cuando los ejércitos extranjeros atacaron Jerusalén, el rey Josafat confió en Dios, llamó al pueblo a unirse, reconocieron el poder superior de Dios, y le alabaron por su total suficiencia.

Dios respondió con aliento lleno de poder, que hoy día levanta los corazones y produce fe. Haga suyo este pasaje: «No temáis ni desmayéis; salid mañana contra ellos, porque Jehová estará con vosotros».

¿Recuerda el resto? Josafat organizó a los músicos para que fueran delante de los soldados a la batalla. Entonces, mientras el pueblo cantaba y alababa a Dios, Él les dio la victoria. (Lea 2 Crónicas 20.1-22).

EPÍLOGO

Ghostbusters, Tortugas Ninjas Mutantes, Sobrenaturales... Una exótica colección de figuras de acción y accesorios yace dispersa al lado de afuera de un apartamento en Boston. Jimmy, un niño de cuatro años de edad, su orgulloso dueño, me dio una sonrisa de bienvenida cuando me detuve a observarlo jugar.

—¿Cuál te gusta más? —le pregunté.

—Michaelangelo Rock-N-Roll —me contestó, señalando una de las tortugas ninjas que lucía un gran cinturón negro.

Mientras hablábamos acerca de las armas que llevaban Michaelangelo, dos serpientes, observé la interesante cubierta de un libro.

—¿Puedo ver ese libro?

—Seguro. Es *Nanny Noony y el hechizo mágico.*

Lo abrí y leí algunos párrafos.

—Pareciera como si Nanny Noony hubiera echado un hechizo en el campo —le dije.

—Pero no lo hizo —protestó Jimmy—. Es una bruja buena. Ella hace precisamente pociones para anular a las brujas malas.

La mamá de Jimmy, que había estado escuchando, me hizo algunas preguntas. Cuando se dio cuenta de que yo estaba escribiendo un libro acerca de la Nueva Era, me dijo que era cristiana. Pero que a ella le gustaban más los mensajes de Seth, el espíritu guía, que la Biblia.

Fue adentro y regresó con tres libros más.

—Aquí está lo que yo creo —me dijo ofreciéndomelos.

Escritos por la fallecida médium Jane Roberts, estaban llenos de mensajes del prolífico Seth, quien primero «había hablado» a su médium humana a través de una ouija.

Pronto me encontraba sentada en su sala, rodeada de literatura de la Nueva Era: material de Seth, una revista llamada *Mothering* [Maternidad], dos libros sobre revelaciones canalizadas a través de Edgar Cayce y *El Evangelio Acuariano de Cristo*. Este, escrito como la Biblia pero presentando distorsiones de la verdad de Dios, llena los años perdidos de Jesús con «enseñanzas» de la Nueva Era, a los pies de «maestros superiores» en India, Persia y Egipto.

¿Qué mensajes traen estos y otros espíritus guías como *Ramta* (que tiene unos 35,000 seguidores), *Lazaris*, *Filemón* de Carl Jung y miles de *seres superiores*? «¡Tú puedes ser Dios! Sólo cree en tu divinidad, crea tu propia realidad, construye un nuevo mundo de luz y amor».

El hogar de Jimmy representa el creciente número de familias que han abierto sus puertas a los falsos dioses. Mientras millones han estudiado las enseñanzas de Seth, miles de espiritistas aficionados han aprendido a canalizar sus propios espíritus guía. Informes de terribles encuentros con malos espíritus se diluyen en el optimismo de infinitas posibilidades.

¿Qué deberían hacer las familias cristianas: esconderse de los hechizos del mundo, o involucrarse en ellos? Si hacemos caso al llamado de Dios a orar, a estudiar su Palabra, a amarnos los unos a los otros en Cristo, y a alcanzar a otros en la tarea de «hacer discípulos», ¿estaremos bloqueando la propagación del mal? Yo creo que sí. Hemos visto los beneficiosos resultados de unir esfuerzos para limpiar la televisión. Como Elliot Miller lo señala en su libro, *A Crash Course on the New Age* [El curso destructivo de la Nueva Era], «tenemos el número para crear una "masa crítica"».

Podemos mostrar a nuestros niños como *estar en* el mundo sin *ser del* mundo. Podemos demostrar la preocupación de

Dios por la pobreza, la ecología y las amenazas de guerra, pero no comprometernos con falsas soluciones. Podemos explicar «la verdad en amor» con gente preciosa como Jimmy y su madre, al mismo tiempo que evitamos sus prácticas ocultistas. Podemos ser embajadores de Cristo en una tierra extraña, reflejando la luz de Dios en la oscuridad, pero no permitiendo que la oscuridad opaque su luz.

> *Pero vosotros, amados, edificándoos sobre vuestra santísima fe, orando en el Espíritu Santo, conservaos en el amor de Dios[...] A algunos que dudan, convencedlos. A otros salvad, arrebatándolos del fuego[...] Y a aquel que es poderoso para guardaros sin caída, y presentaros sin mancha delante de su gloria con gran alegría, al único y sabio Dios, nuestro Salvador, sea gloria y majestad, imperio y potencia, ahora y por todos los siglos. Amén (Judas 20-25).*

GLOSARIO

La mayoría de las siguientes definiciones expresan el punto de vista de la Nueva Era. Aquellas que aparecen indicadas *ocultismo*, ofrecen una apariencia mítica de engaños satánicos, un país de hadas lleno de «ayuda» sobrenatural infinitamente vasto y desarrollado. Allí, habrá dioses que juegan con sus chucherías mágicas, invocan sus místicos poderes, y crean la tierra de sus sueños. Al creer que controlan esta realidad «imaginaria», danzan ciegamente al ritmo de Satanás.

Al leer, recuerde que Dios repetidamente dice a su pueblo que rehuya de las prácticas ocultistas y que ponga su interés en lo bueno, no en lo malo. Ya que las manifestaciones detrás de estas definiciones ocultistas pueden ser demoníacas, sicológicas, o un truco, todas son repugnantes a Dios.

Pida a Dios sabiduría para ver desde su perspectiva. Recuerde su advertencia: «No sea hallado en ti[...] quien practique adivinación, ni agorero, ni sortílego, ni hechicero, ni encantador, ni adivino, ni mago, ni quien consulte a los muertos. Porque es abominación para Jehová cualquiera que hace estas cosas» (Deuteronomio 18.10-13).

ACTITUD MENTAL POSITIVA (AMP): Usualmente asociada con el movimiento potencial humano y las creencias de la Nueva Era que los pensamientos positivos tienen el poder de manipular las circunstancias, por ejemplo: «Yo creo mi propia realidad».

ADIVINACIÓN: (Ocultismo) Forma síquica de aumentar los valores espirituales y conocimiento de acontecimientos futuros: lectura de las manos, tarot, numerología, astrología, I Ching, ouija, meditación (cuando se comunica con el Yo Superior), autohipnosis.

AVATAR: (Hindú) Una deidad perfecta que regresa como un líder espiritual (véase maestros ascendentes).

CALABOZOS Y DRAGONES: Un juego de fantasía, donde el participante cumple el rol de actor, abriéndose camino a través de calabozos y laberintos, luchando contra un horrible ejército de dragones y demonios. Al identificarse con sus personajes, muchos jugadores pierden el contacto con la realidad y se obsesionan con sus poderes ocultos y la violencia (tortura, violaciones, asesinatos), exigidos anticipadamente por los diferentes niveles del juego.

CANAL: (Ocultismo) Una persona que cede el control de su cuerpo a un ente espiritual durante un estado de conciencia alterado, como un trance. El ente (llamado en la Biblia «espíritu familiar») comunica libremente «verdades superiores» a los oyentes humanos. Sinónimo: médium, canal de trance.

CANALIZACIÓN: (Ocultismo) Una sesión de espiritismo donde la gente se comunica con espíritus que enseñan, responden preguntas, describen «vidas pasadas», diagnostican enfermedades, etc. Ocurre que al intentar invocar a un ser ascendente «sabio», el médium puede abrir la puerta a espíritus de confusión, hostilidad, y degradados.

CARTAS DEL TAROT: (Ocultismo) Adivinación basada en símbolos ocultos y en el significado de cada una de las setenta y ocho cartas. Por ejemplo, el REY TAROT representa al Yo.

CLARIVIDENCIA Y CLARIAUDIENCIA: (Ocultismo) La habilidad para ver y oír más allá de la habilidad humana natural de ver y oír.

CONSCIENCIA: Lo equivalente a la fe en la Nueva Era. Pero a diferencia de la fe cristiana que tiene a Dios como su objeto, la consciencia se tiene a sí misma como su objeto. Así, la consciencia (infinita, al interconectar energía e inteligencia vivientes al conocimiento de la «verdad» de la Nueva Era, especialmente la divinidad del Yo) produce consciencia superior (autorrealización, perfección).

CRISTALES: (Ocultismo) Todo el rango de cristales ordinarios y extraordinarios cuya frecuencia vibracional supuestamente limpia, sana, balancea y fortalece el flujo de energía del cuerpo.

CRISTO CÓSMICO: (Ocultismo) Una Fuerza creativa, esencial para la vida, la cual empuja la evolución hacia la realización.

CUERPO ASTRAL: (Ocultismo) «cuerpo» etéreo, como fantasma, capaz de habitar en cualquier cuerpo físico, pero distinto y separable de él. Entre encarnaciones, habita el mundo etéreo (el cielo hindú), donde cubre el alma-mente.

CULTO: Corrientemente se refiere a un grupo de personas que validan sus creencias con su propia interpretación de la Biblia, la que distorsiona la naturaleza y las enseñanzas de Jesucristo.

CURSO EN MILAGROS: (Ocultismo) Un popular juego de tres volúmenes de instrucciones sobre las creencias de la Nueva Era, según se afirma, dictadas a través de escritura automática por un ente llamado «Jesús».

CHAKRAS: (Hindú) Siete áreas de energía concentrada que marcan un camino ascendente de consciencia desde la base de la columna vertebral hasta la parte superior de la cabeza. Cada chakra tiene su propio color y grado de vibración (Véase Kundalini).

DERVICHE GIRATORIO: (Ocultismo) Líder musulmán conocido por sus movimientos giratorios, que supuestamente indican estados de consciencia superiores y experiencias síquicas.

ESCRITURA AUTOMÁTICA: (Ocultismo) Un ente espiritual escribe un mensaje moviendo la mano y el lápiz del médium.

ESOTERISMO: (Ocultismo) Información misteriosa y subjetiva percibida por los sentimientos más que por el intelecto; limitado a unos pocos capaces de entenderlo.

ESPIRITISMO: (Ocultismo) Actividad mediumística basada en la creencia de que el espíritu de muerte y otras inteligencias etéreas están listas y esperando para comunicarse con los humanos.

ESPÍRITU AMANTE: (Ocultismo) Un ente etéreo que entra en relación sexual con un terrenal (Considere Génesis 6.1-7).

ESPÍRITU CHOCANTE: Espíritus o demonios que muestran su presencia moviendo objetos visibles o produciendo ruidos inexplicables tales como golpes.

ESPÍRITU GUÍA: (Ocultismo) Un espíritu altamente desarrollado, ente que entra en relación con un médium y provee información requerida.

Según el Diccionario Bíblico de Unger, un «espíritu familiar es la presencia de un demonio adivinador» en el cuerpo físico de un conjurador. Fue llamado «familiar» debido a la íntima relación entre el espíritu (que puede ser convocado en cualquier momento) y la persona poseída por él.

ESTADO ALTERADO DE CONCIENCIA: Estado mental que va desde casi normal hasta trance profundo. Inducido por ejercicios espirituales tales como la meditación, imaginación guiada, hipnosis, o drogas que alteren la mente para conseguir relajación, experiencia de unidad con todas las clases, conexión con el «Yo Superior» o canalización a los «espíritus guía».

ETÉREO: (Ocultismo) Está relacionado con el reino invisible de almas-mentes, inteligencias, frecuencias vibracionales y campos de energía incorpóreos.

EVOLUCIÓN: (Ocultismo) El proceso de desarrollo, crecimiento y progreso espiritual hasta que todo alcance su estado «original» de perfección (Humanista). A través del proceso de selección natural, formas simples de vida progresan a formas superiores.

FALSIFICACIÓN: Una imitación fraudulenta de lo real.

GLOBALISMO: (Globalismo de la Nueva Era) Esfuerzo unido internacional para derribar fronteras nacionales, crear consciencia planetaria, crear una comunidad universal a través de un gobierno y una religión únicos, y acomodado a la Nueva Era.

GUÍA: (Ocultismo) Un ente o inteligencia espiritual altamente desarrollado, equipado para enseñar, guiar, proteger y ayudar a cualquiera persona que invoque su presencia.

HIPNOSIS: Un estado como dormido (a menudo trance). El sujeto rinde su mente y cuerpo en las manos del hipnotizador, quedando en un estado pasivo y receptivo a toda clase de sugerencias.

HOLÍSTICO: Se enfoca en el todo en lugar de en las partes. Tiene que ver con toda la persona: cuerpo, alma y espíritu.

I CHING: (Ocultismo) Adivinar acontecimientos futuros sorteando tres monedas seis veces y leyendo un mensaje en el lado que queda hacia arriba. I Ching o Libro de los Campos es un antiguo método chino de consultar un «oráculo» para preguntas y respuestas, especialmente relacionadas con decisiones. El I Ching muestra a una persona cómo hacer que su vida fluya suavemente con el universo.

IMAGINACIÓN GUIADA: Ejercicio de visualización dirigida por un profesor o líder. Mientras algunos simplemente se relajan, otros producen estados de consciencia alterados incluyendo trance, un sentido de proyección astral, y conexión con un espíritu guía.

KARMA: La respuesta hindú y budista a la justicia eterna. Las actitudes y acciones de cada persona en vidas pasadas determinar sus vidas futuras. Una adaptación occidental a la negativa de la Nueva Era del sentido de culpa permite a algunos decir: «Puedo hacer lo que quiera, y no se preocupe; si le causo algún daño, tenía que ocurrir».

KUNDALINI: (Hindú) Una fuerza caprichosa simbolizada por una serpiente enrollada, descansando en la base de la columna espinal. Activada por la meditación yoga, la serpiente kundalini se desenrolla e inicia su camino ascendente hacia las siete CHAKRAS (el TERCER OJO es la número seis) hasta alcanzar la CHAKRA CORONA, que es la unión con la Fuente.

LEVITACIÓN: (Ocultismo) Levantar alguna cosa en el aire mediante poder síquico antes que poder físico.

MAESTROS ASCENDENTES: (Ocultismo) Gobernadores espirituales

que alcanzaron autorrealización, y que escogieron reencarnarse de nuevo para dirigir al mundo a consciencias superiores, como Buda, Visnú Jesús.

MANTRA: (Hindú) Una palabra o fórmula (usualmente nombres o títulos de los dioses hindúes) cantada repetitivamente para vaciar y centrar la mente y producir conciencia espiritual. Puede invocarse la presencia de ese dios (un gobernante demoníaco en la jerarquía o principados de Satanás y fuerzas que controlan varios territorios sobre la tierra (véase Daniel 10.13 y Efesios 6.12).

MEDITACIÓN: (Hindú) Enfoque disciplinado en una manera o tema dado, tal como el Yo, con el propósito de relajamiento, consiguiendo estados superiores de consciencia y conexión con la mente cósmica. Véase KUNDALINI. El hecho de que la meditación oriental implique peligros, no debe privarnos de la meditación bíblica. Dios no nos pide vaciar pasivamente nuestras mentes, sino meditar en las verdades bíblicas sobre Él y sus caminos «día y noche» (véase Salmo 1.1-3 y 63.3).

NUMEROLOGÍA: (Ocultismo) Forma de adivinación basada en significados ocultos de números, especialmente las fechas de nacimiento.

OCULTO: Escondido, secreto, búsqueda misteriosa de poderes sobrenaturales en las prácticas de brujería, satanismo, astrología, y espiritualismo. Los que practican el ocultismo usan la cábala, las cartas del Tarot y el I Ching. Involucra esquemas y poderes sobrenaturales que se oponen al Reino de Dios.

OUIJA: Una forma popular de adivinación en la cual la gente busca mensajes espiritualistas o telepáticos. Algunas personas han probado a la ouija preguntándole acerca de Jesucristo y la cruz. La respuesta dramática de la ouija va desde movimientos violentos hasta volar por los aires y chocar contra paredes o personas, demostrando así el odio demoníaco contra Jesucristo.

OVNI: Objeto volador no identificado. Aunque la mayoría de las visualizaciones de estos objetos tienen una explicación natural, algunos, especialmente aquellos que se relacionan con contactos extraterrestres, son sobrenaturales. Autoridades cristianas tales como Walter Martin, John Weldon y Clifford Wilson creen que se trata de manifestaciones demoníacas. Casos estudiados de encuentros y abducciones revelan manipulación mental (mediante hipnosis) y estados de trance, más que desplazamientos físicos. A menudo, los contactos con «extraterrestres» se han hecho a través de actividades ocultistas, tales como la ouija y la yoga.

PARASICOLOGÍA: Un campo de estudio preocupado por la investigación de evidencias para los fenómenos sicológicos paranormales, tales como la telepatía, la clarividencia y la sicokinesis.

PIRÁMIDE: Literalmente significa «luz gloriosa», del griego *pyros* que quiere decir fuego. Muchos creen que la forma piramidal balanceará la energía de una persona e iluminará su grandeza espiritual.

POLITEÍSMO: Muchos dioses, como en la mitología griega.

PROYECCIONES ASTRALES: (Ocultismo) Experiencias fuera del cuerpo. El cuerpo astral sale del cuerpo físico y viaja por dondequiera que él decide.

SICOMETRÍA: (Ocultismo) Recepción de información síquica mediante las palmas de las manos, tocando o manipulando un objeto.

SÍQUICO: Usa poderes ocultos para realizar actos extrasensoriales tales como clarividencia, telepatía, adivinación, etc.

RED DE LA NUEVA ERA: Conexión informal que une efectivamente a los innumerables grupos de interés que se identifican con las creencias y metas de la Nueva Era.

REENCARNACIÓN: (Hindú, transmigración) El hombre nunca muere sino que continúa viviendo en un cuerpo después de otro. Que vuelva como un humano o como un animal depende de su comportamiento en vidas pasadas. Sólo la perfección puede liberarlo de miserables ciclos de encarnaciones.

Para «vender» su religión a los estadounidenses, los misioneros gurú envuelven sus creencias en términos más positivos: No hay ningún riesgo en llegar a ser una mosca. Futuras encarnaciones significan progresos evolucionistas hacia vidas mejores.

Dios dice: «Y de la manera que está establecido para los hombres que mueran una sola vez, y después de esto el juicio» (Hebreos 9.27). ¡No hay segundas oportunidades!

REGRESIÓN HIPNÓTICA: Mediante la hipnosis, llevar a una persona de vuelta a su pasado, incluyendo sus «vidas anteriores». Testimonios de tales regresiones son ampliamente aceptados como prueba de la reencarnación, aun cuando los científicos han probado cuál fácilmente sugerencias externas pueden manipular «los recuerdos».

SANADOR SÍQUICO: Alguien que invoca poderes ocultos y canaliza esta «energía sanadora» a otros.

SERES ASCENDENTES: (Ocultismo) Entidades espirituales de inteligencia superior que han alcanzado autorrealización y ahora se comunican con los humanos vía canalización, visualizaciones, la ouija, etc.

CHAMÁN: Un «sacerdote» o «médico brujo» con poder para canalizar poder oculto; un mediador entre su tribu y las «fuerzas de la naturaleza» o «buenos y malos espíritus».

TERAPIA DE COLORES: (Ocultismo) Al tratar desórdenes con colores se cree que se consiguen vibraciones «correspondientes». Por ejemplo, poner pacientes con cáncer de estómago en cuartos pintados de amarillo, que es el color común del estómago.

TERCER OJO: (Hindú) Un órgano imaginario (la sexta chakra) detrás del «lugar santo» en la frente, que se cree es el centro de la visión síquica o de todo lo que se ve.

TRANCE: (Ocultismo) Un estado parecido al sueño que prepara al sujeto para ser habitado y usado por inteligencias superiores (véase Canal).

TRANSPERSONAL: Más allá de la realidad objetiva. Comprende estados alterados de consciencia e influencias síquicas u ocultas.

TRASCENDENTE: Ir más allá; sobrepasar los sentidos físicos. (Ocultismo) Estados superiores de consciencia a niveles de realidad, alcanzada por ejercicios espirituales tales como imaginación guiada (véase Proyección astral).

UNIDAD: (Hindú) Tema panteísta/monista que se entrelaza a través del idealismo de la Nueva Era, especialmente el globalismo. Como el amor y la paz, es más fácilmente discutido en términos visionarios que prácticos entre individuos.

VERDAD: Mientras la verdad de Dios es el cuerpo de los hechos absolutos e intercambiables revelados en la Biblia, la verdad de la Nueva Era es subjetiva y personal. Ya que todos son Dios, cada persona puede crear su propia realidad personal y definir la verdad según su preferencia y comprensión personal.

WICCA: «Brujería» o «el Sabio». Emplea magia y ritos místicos para magias «blanca» y «negra», comunión con fuerzas de la naturaleza, y adoración de la «madre tierra».

YIN-YANG: (China, ocultismo) Dos energías opuestas pero complementarias de cualquier todo unificado: positivo/negativo, masculino/femenino, luz/oscuridad, fuerza/debilidad. Las dos polaridades de balance de la fuerza universal que afectan todas las cosas. Simbolizadas por un círculo dividido por una línea serpenteante. Yin es el lado negro con el «ojo» blanco, Yang es blanco con un «ojo» negro.

YO SUPERIOR: (Ocultismo) El Dios-Yo, el YO SOY, «mi Yo interior» Contiene todo el conocimiento cósmico, sabiduría y poder, como cada unidad de un holograma contiene todas las características del todo.

GUÍE A SU HIJO A ACEPTAR A JESÚS COMO SU SALVADOR Y SEÑOR

«El que no naciere de agua y del Espíritu, no puede entrar en el reino de Dios. Lo que es nacido de la carne, carne es; y lo que es nacido del Espíritu, espíritu es. No te maravilles de que te dije: Os es necesario nacer de nuevo» (Juan 3.5-7).

Sin el Espíritu de Dios, los niños no pueden realmente conocer a Dios o entender la Biblia. Al nacer de nuevo por su Espíritu, pueden disfrutar y ejercer todos los maravillosos privilegios de ciudadanía en el maravilloso reino de Dios (Efesios 1.1-2.10).

¿Cómo vamos a guiar a nuestros hijos a una relación de amor eterno con Cristo Jesús?

Ore para que Dios prepare sus corazones. El nuevo nacimiento espiritual es obra de Dios, no nuestra (Juan 6.44). Nosotros simplemente cooperamos con el proceso de Dios.

Ponga el fundamento. Incluya a Jesús en sus conversaciones. Deje que sus hijos le escuchen hablar de Él. Ore con ellos. Hable acerca de cómo Él le ayuda cada día. Haga comentarios tales como, «Jesús entiende. Él está triste cuando usted está triste. Pregúntele a Jesús qué quiere que hagamos».

Espere el tiempo de Dios. Mientras usted espera ver señales de sinceridad, esté preparado para el momento oportuno.

Quizás este llegue en un tiempo de necesidad especial para consuelo y fortaleza. O cuando un hijo le demuestra por sus preguntas que realmente quiere conocer y seguir a Jesús.

Explique las verdades básicas de la salvación. Guíe a su hijo a través de estos pasos, luego pregúntele si quiere orar para recibir a Jesús. Si dice no, dígale que podrá hacer esa oración en cualquier momento por sí mismo con los mismos maravillosos resultados.

Si su hijo quiere orar solo, sugiérale que lo haga y después venga a usted y se lo diga. No olvide la fecha. Recuérdela como el cumpleaños más especial.

—Dios le ama. Él quiere que usted sea parte de su familia especial, y que viva con Él en su reino invisible. «Dejar a los niños venir a mí. y no se lo impidáis; porque de los tales es el reino de Dios» (Lucas 18.16).

—Por usted mismo, usted no puede venir a Dios. Dios es santo y perfecto y no puede dejar que ningún pecado entre en su reino. El pecado nos separa de Él (Isaías 59.2). «Por cuanto todos pecaron, y están destituidos de la gloria de Dios» (Romanos 3.23). Piense en las diferentes clases de pecados, tales como el orgullo, la envidia, la mentira, querer seguir nuestro propio camino. ¿Puede usted ser completamente libre de ellos? No puede, no importa cuánto se esfuerce por conseguirlo.

—Jesús abrió camino para usted. Él dijo: «Yo soy el camino[...] Nadie viene al Padre sino por mí» (Juan 14.6). Él murió en la cruz, tomando el castigo por sus pecados. «Porque de tal manera amó Dios al mundo, que dio a su Hijo unigénito, para que todo aquel que en él cree, no se pierda, sino que tenga vida eterna» (Juan 3.16).

—Usted debe invitar a Jesús a venir y vivir en usted. «A todos los que le recibieron, a los que creen en su nombre, les dio potestad de ser hechos hijos de Dios» (Juan 1.12). Con su perfecta vida interior, usted puede vivir y caminar con Dios para siempre.

Su oración debe incluir confesión (admitir que usted es un pecador), arrepentimiento (volverse de sus caminos errados y seguir a Jesús), fe (confiar que Jesús murió y resucitó para salvarle del pecado) y la invitación.

Haga una oración más o menos como esta: «Querido Jesús, sé que he pecado y no merezco ser tu hijo. Pero, creo que tú moriste por mí y me has perdonado. Por favor, ven a mi corazón. Gracias».

De modo que si alguno está en Cristo, nueva criatura es; las cosas viejas pasaron, he aquí todas son hechas nuevas (2 Corintios 5.17).